Talvez Poesia

Gilberto Freyre

Talvez Poesia

2ª edição ampliada

Apresentação de Lêdo Ivo
Biobibliografia de Edson Nery da Fonseca

São Paulo
2012

© by Fundação Gilberto Freyre, 2010/Recife-Pernambuco-Brasil

1ª edição, José Olympio 1962
2ª edição, Global Editora, São Paulo 2012

Diretor Editorial
JEFFERSON L. ALVES
Editor Assistente
GUSTAVO HENRIQUE TUNA
Gerente de Produção
FLÁVIO SAMUEL
Coordenadora Editorial
ARLETE ZEBBER
Revisão
TATIANA Y. TANAKA
Capa
REVERSON R. DINIZ

CIP-BRASIL. Catalogação na fonte
Sindicato Nacional dos Editores de Livros, RJ

F943t
2.ed.

Freyre, Gilberto, 1900-1987
  Talvez poesia / apresentação de Lêdo Ivo ; biobibliografia de Edson Nery da Fonseca. – 2.ed., ampl. – São Paulo : Global, 2012.

  ISBN 978-85-260-1735-1

  1. Poesia brasileira. I. Título.

12-6658.
CDD: 869.91
CDU: 821.134.3(81)-1

Direitos Reservados

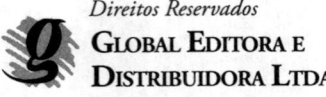

GLOBAL EDITORA E DISTRIBUIDORA LTDA.

Rua Pirapitingui, 111 – Liberdade
CEP 01508-020 – São Paulo – SP
Tel.: (11) 3277-7999 – Fax: (11) 3277-8141
e-mail: global@globaleditora.com.br
www.globaleditora.com.br

Obra atualizada conforme o
Novo Acordo Ortográfico da Língua Portuguesa

Colabore com a produção científica e cultural.
Proibida a reprodução total ou parcial
desta obra sem a autorização do editor.

Nº de Catálogo: **3224**

A Carlos Drummond de Andrade

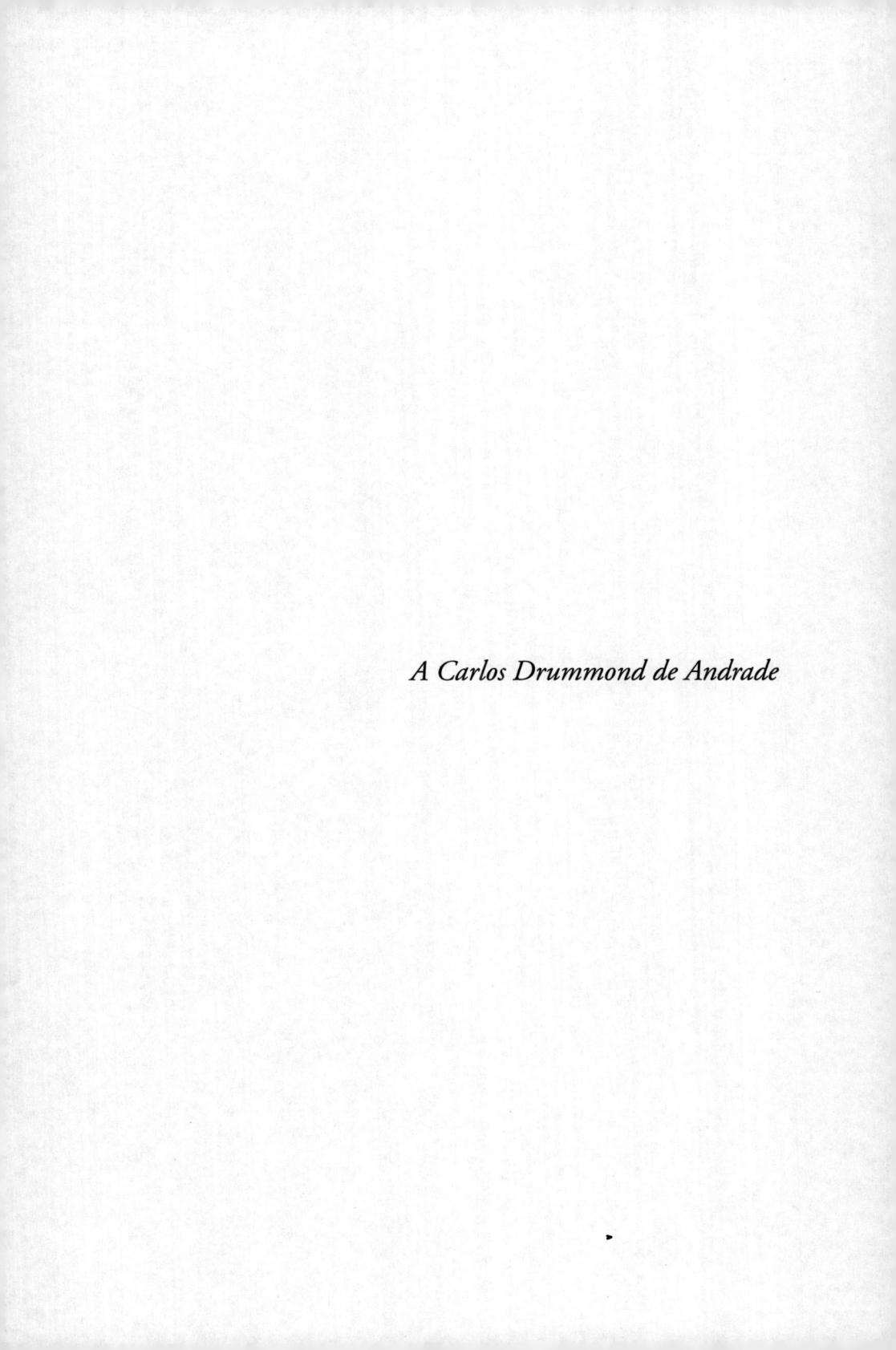

Gilberto Freyre, fotografado por Pierre Verger, 1945.
Acervo da Fundação Gilberto Freyre.

SUMÁRIO

Nota explicativa 13
A poesia do Narciso de Apipucos – *Lêdo Ivo* 15
Prefácio do Autor 25

Brasiliana: litoral e sertão

Bahia de Todos os Santos e de quase todos os pecados 31
Velhas janelas do Recife e de Olinda 36
O outro Brasil que vem aí 39
Nordeste da cana-de-açúcar 42
Paisagem sexual 45
Rede 47
Formas e cores do sertão e do agreste 49
História social: mercados de escravos 51
Luz de Olinda 52
Tristeza dos mosteiros adoçada 53
Litoral 54
Fotografia 55
Mal-assombrado nos rios 56
Dança de Pai Adão 57
Ornitologia 58
O Amarelinho 59

Encanta-moça e outros encantamentos

Encanta-moça 63
Moça do sobrado 64
Olha para mim, Irene 66
Zoologia 67
Boêmio 68
Assombração inglesa 69
Enfermeira 70
Menino de luto 71
Menino de engenho 72
Canta, canta, meu surrão 74
A cabra-cabriola 77
Vem menino desejado 79
É a do Norte que vem 80

Agosto azul e outros poemas europeus

Agosto azul 83
Outra vez agosto azul 84
Velho hotel 85
A mocidade de um hotel é curta 86
Paris 87
O Mosteiro da Batalha 88
Os moinhos de Buçaco 89
Jantar em Madrid 91
Évora 92
Déjà-vu 93
Sagres 94
Outra vez Sagres 95
Mulheres de Portugal 97
Sardinhas mortas de Portimão 98
Nomes algarvios 99
Águas do Algarve 100
Olhão 101
Ainda Olhão 102

Vinho do Porto 103
Varinas 104
A ria 105
Homens de Ilhavo 106
Barcos portugueses 107
Os azulejos 108
Peniche 109
Roma 110
Em Heidelberg: pensando na morte 111
Em Salamanca: morte e esperança 112
Oxford 113

África & Ásia

Natureza africana 117
Os bichos e o avião 118
Pés bailarinos 120
Em Bombaim 122
Goa 123
Cabeças de negros e de brancos 124
A mosca do sono 126
Os mapas 127

Soneto de colegial

Jangada triste 131

De pai para filha

A menina e a casa 135

Versos para Ana Cecília e outros poemas

Versos para Ana Cecília, ao completar quinze anos, escritos no
    jargão da família 139
Apelo a um amigo 141
Dois Bandeiras amigos meus 142

Dadade 143
Magda ou Madá 144
Falando a Mrs. Browning 145
Ausência 146
Nada prevalecerá, Maria 147
Ulysses 148
Depois que encontrei Madá 149
Desde quando conheço Madá 150
Pensando em Madá 151
O primeiro beijo 152
Silêncio em Apipucos 153
Se eu perdesse Madá 154
Um para sempre 155
Minha nova Madá 156
Sempre Quixote? 157
Francisquinha 158
Atelier 160

Biobibliografia de Gilberto Freyre 161

NOTA EXPLICATIVA

A edição ora publicada de *Talvez poesia* traz poemas adicionais aos da primeira edição, publicada em 1962 pela Livraria José Olympio Editora. Foram acrescentados poemas que saíram em livro posterior do autor intitulado *Poesia reunida*, publicado pelas Edições Pirata, em 1980. Os poemas "Francisquinha" e "Atelier", que encerram esta edição, encontravam-se até então inéditos em livro.

Os editores

A POESIA DO NARCISO
DE APIPUCOS

A poesia sempre esteve presente na vida de Gilberto Freyre – quer como fruição intelectual e emocional de uma personalidade habituada desde a adolescência a visitar tantas paragens da criação humana, quer como decorrência de encontros e descobertas decisivas e convívios enriquecedores, e quer como um selo diferenciador em sua obra. E, finalmente, como uma afirmação pessoal.

Em sua formação, a leitura e as referências a poetas de várias escolas e nacionalidades são copiosamente registradas. O encontro com algumas figuras exponenciais da poesia do século XX, como o irlandês William Butler Yeats ou o indiano Rabindranath Tagore, é mais de uma vez evocado. A esses encontros de passagem acrescenta-se, com uma persistência inconfundível, o comércio do estudante universitário com uma das personagens mais notórias da renovação poética do século passado: a excêntrica norte-americana Amy Lowell, fumadora de charutos, criadora e difusora do imagismo – esse imagismo que o também excêntrico inovador da poesia moderna Ezra Pound estampilhava maliciosamente de *amygismo*.

A descoberta de uma experiência estética radical e característica de um tempo cultural regido pela inquietação criadora, por experimentalismos que se expandiam em várias ou numerosas direções, o diálogo aceso no casarão de Boston, que tanto contrastava com o espírito revolucionário de Amy Lowell, terão deixado traços fundos na personalidade de Gilberto Freyre, naqueles tempos estudiosos em que sua curiosidade intelectual se abria tão desembaraçadamente e respirava o novo ar do século: um ar de que emergiam tantas figuras tornadas preclaras e exemplares, e os *ismos* se alastravam em fervilhante colisão.

Nesse cenário cultural que abrangia os Estados Unidos e a França, a Alemanha e a Inglaterra, a sede e a fome intelectuais do jovem pernambucano hão de ter sido generosamente aplacadas. E nutriam indelevelmente a sua longa trajetória literária e científica: a sua arte e a sua vida tão harmoniosamente entrelaçadas desde o dia em que a publicação de *Casa-grande & senzala* (1933) abalou o modorrento território cultural do Brasil, causando ora aplauso e espanto, ora censura e repulsa, até os dias finais, no solar de Apipucos, quando a sua figura se alçava como a de um velho Goethe tropical.

O imagismo e o objetivismo de Amy Lowell, seguidos religiosamente por tantos dos seus fervorosos sequazes ou minimizados pela emergência de outros *ismos* mais prestigiosos, não ocupam, na posteridade, um sítio correspondente à importância e relevo daqueles dias afortunados em que a alegria de criar e inventar, e de derrubar ídolos, imperava triunfante em incontáveis *ismos* ou vanguardas, que reuniam a poesia, o romance, as artes plásticas, teatro, dança, música, o cinema.

Além do imagismo de Amy Lowell, espraiavam-se o vorticismo, o surrealismo, o expressionismo, o criacionismo, o dadaísmo, o futurismo de Marinetti, o cubismo de Picasso e Reverdy e tantos outros movimentos experimentais. Todavia, a sua lição do imagismo – de precisão, economia verbal e objetividade – isto é, de renúncia ao eu e ao íntimo em benefício do objeto e do mundo exterior – terá influído poderosamente em numerosos corações e mentes, numa ocorrência similar à que foi protagonizada por Gertrude Stein, que, em Paris, em algumas décadas do alvorejar do século XX, converteu o seu apartamento parisiense da 27, rue Fleurus, num dos mais célebres e fecundos laboratórios de invenção e experimentação literária e estética.

Do comércio com Amy Lowell, Gilberto Freyre – que a relembra de forma tão enternecida em vários passos de sua obra – herdou um legado precioso: o sentimento da imagem, uma arte de ver expandida, até a hipertrofia, uma destreza ou sabedoria no registro dos seres e paisagens circundantes. Poesia: arte de ver e de saber ver.

Numa personalidade artística e cultural tão poderosa como a de Gilberto Freyre, a lição de Amy Lowell não seria única ou exclusiva. Em sua vasta obra – que é ao mesmo tempo uma obra de cientista e excepcional ou talvez ou decerto genial artista literário, e na qual se fundem tantos ramos do conhecimento humano, conferindo-lhe o teor de ambiguidade e pluralidade que é um de seus encantos e seduções –, nessa obra tão vária e tão opulenta e ondulante outras influências e afinidades enriquecedoras podem ser encontradas – as de seus mestres no plano sociológico, como Franz Boas; as de ideólogos revolucionariamente conservadores e intransigentes nesse conservadorismo, como é o caso de Charles Maurras; a dos irmãos Gouncort, que depositaram na mente do jovem e curioso estudante outra lição magistral: a da exploração dos pequenos fatos e incidentes, do detalhe iluminador e da *histoire vraie*.

Esse minuciosismo, que aliás muito deve ao memorialismo ficcional de Marcel Proust e às explosões estilísticas à maneira de Michelet, percorre toda a obra de Gilberto Freyre, mestre na arte de exercer uma inteligência esmiuçadora e interrogar os seres e as coisas, não através da visão das integridades e totalidades, e sim pelo caminho das parcialidades e fragmentações, dos indícios reveladores e das significações curiosas. Esse lado Goncourt de Gilberto Freyre é tanto mais singular se levarmos em conta que ele não trouxe para a sua obra o *style tarabiscoté* dos famosos irmãos, tão chegadiços a chinesices, japonesices e bizantinices. Aliás, o bizarro estilo artístico que os caracteriza é um dos estilos da época: o de Villiers de L'Isle Adam, desse J-K Huysmans que o jovem Gilberto tanto admirou, de Léon Bloy, de Barbey d'Aurevilly.

Selecionando as lições recebidas, e as adaptando à sua natureza espiritual, Gilberto Freyre haverá de ter sempre um estilo predominantemente coloquial e familiar, com afortunadas transgressões gramaticais – uma prosa vívida e musculosa, irrigada pela poesia.

As gorduras eventuais ou ostensivas desse estilo são gorduras bem-vindas, como as das sinhazinhas do Nordeste que comem muito açúcar e bolo de rolo, e se arredondam gostosa e graciosamente para os futuros e secretos apetites matrimoniais. Aliás, saliente-se que esse estilo, que corresponde a um uso magistral da língua, foi acoimado de chulo pelos austeros e severos cultores do idioma, cativos ao coelhonetismo e às flaubertices da então sisuda e hierática Academia Brasileira de Letras.

A poesia de Gilberto Freyre: posso vangloriar-me de ter sido a primeira voz a incitar o mestre de *Aventura e rotina* a assumir a sua condição de poeta num livro isolado. Desse incitamento nasceu este *Talvez poesia*.

Decerto o ponto mais alto de sua prática é o poema "Bahia", publicado pelo autor em 1926.

Nesse poema, que é uma das obras-primas do modernismo brasileiro – não do modernismo apenas paulista, mas de um modernismo mais vasto e mais matizado e que exprimiu no Nordeste o descontentamento estético dos jovens da década de 20 do século passado – aflora e até se escancara o Gilberto Freyre que, em e com o seu antiestilismo e em seu alegado chulismo, forjou um estilo soberbo e inconfundível. Ao celebrar a "maternal cidade gorda", suas mulatas apetitosas e suas igrejas também gordas, ele não hesita em proclamar:

> eu detesto teus oradores, Bahia de Todos os Santos
> teus ruis barbosas, teus otavios mangabeiras
> mas gosto das tuas iaiás, tuas mulatas, teus angus.

Nesses versos explosivos não freme apenas o seu desapreço pelos escritores afervorados em castigar o estilo; também se esgueira nele, na predileção pelas mulatas, o futuro cientista social e sexual, que, em viagem pela África, não dispensou o morno ou cálido conúbio com algumas negras – transações aliás consentidas pela ciosa e ciumenta Madalena, sua mulher, a qual se rendeu às razões invocadas pelo seu eminente marido, de que se tratava apenas de imprescindíveis imperativos coitos de natureza antropológica.

A independência ostentada por "Bahia" em relação às peças produzidas pelos modernistas da Semana de Arte Moderna aponta, pois, para uma evidência estética: a da existência de um outro modernismo – um modernismo regionalista e tradicionalista e não nacionalista, urbano ou cosmopolita, e que teve como centro de irradiação a cidade do Recife, e sob a égide do regionalismo haveria de eclodir, com o seu verdor, não apenas na obra do próprio Gilberto Freyre, mas ainda no romance de José Lins do Rego e Jorge Amado, e na poesia de Jorge de Lima, Manuel Bandeira, Ascenso Ferreira e Joaquim Cardozo.

Enquanto em *Pauliceia desvairada*, de Mário de Andrade, transverba o futurismo de Marinetti, nesse poema de Gilberto

Freyre vibra o imagismo de Amy Lowell. É um poema visual, de uma realidade minuciosamente representada, uma peça antecipadora do modo de exprimir-se do autor de *Sobrados e mucambos*. As mangueiras do Recife e a gorda e maternal cidade de Salvador emergem do texto, e ainda as igrejas magras de Pernambuco.

Merece cabida a observação de que o imagismo e o visualismo desse poema, de tanta concretitude, como de resto toda a produção ou expressão poética de Gilberto Freyre, impõem-se como uma vertente nítida em seu trajeto intelectual e autoral. Nesse Gilberto Freyre tão sedutoramente centrado em si mesmo, amorosamente autobiográfico até mesmo nos textos mais eminentemente científicos, nesse escritor tão enamorado de si mesmo e de sua obra – nesse Narciso de Apipucos, fervorosamente apaixonado pela própria imagem –, a produção poética se distingue não por um subjetivismo latejante ou escancarado, mas por uma plácida objetividade em que ele procede à contemplação da realidade.

Muitos dos poemas deste livro são de autoria comprovada e irrefutável de Gilberto Freyre. Mas em sua grande maioria são "poemas autênticos a que prosa do ensaísta serviu apenas de pretexto". O tempo, que é também um autor, transmudou a asserção de Gilberto Freyre de que "o leitor facilmente identificará tais poemas", e descobrirá a "poesia tirada por Lêdo Ivo da poesia dispersa na prosa de Gilberto". Presumo que esse trabalho de identificação – ou de separação entre a poesia original e a poesia extraída da prosa – é hoje de difícil ou impossível identificação e distinção. Cada uma das contribuições haverá de ter obedecido a um critério pessoal, diversificando o processo de redução de formas e ritmos poemáticos.

No meu caso pessoal, cabe-me assegurar aos leitores que realizei uma operação de desentranhamento. Na obra de Gilberto Freyre – especialmente em *Aventura e rotina*, *Nordeste* e *Um brasileiro em terras portuguesas*, ao que me lembre – me limitei a extrair da prosa diante dos meus olhos a poesia que latejava nela, num latejo às vezes tão indócil que me intimava a libertá-la da ilha ou prisão prosificadora e assegurar-lhe o trânsito libertador, a respiração a que aspirava e tinha direito. Não me recordo de ter maquilado, enfeitado ou ajustado nenhum texto. Extraí os poemas da prosa de Gilberto Freyre como um dentista extrai um dente. Isso significa que dei ostensividade e visibilidade a poemas que a prosa escondia, guardava ou semirrevelava, a instantes grávidos de liricidade plena e de autonomia.

Num leitor insaciável como Gilberto Freyre, que lia e relia uma receita culinária ou um atestado de óbito de senhor de engenho com a mesma atenção e deleite com que percorria as elegias de Camões ou os sonetos de Shakespeare, as marcas e transfluências poéticas que marchetam este *Talvez poesia* não se reduzem, decerto, aos poetas aqui aludidos. O seu versilibrismo reflete uma das preocupações mais veementes da época de sua formação intelectual, a da suposta libertação da arte e da poesia, despojando-a de regras que aparentemente a manteriam cativa ou manietada, e permitindo-lhe respirar os ares salubres da liberdade. Assim, liberto ou desdenhoso das rimas e métricas e de outras imposições dessa arte da versificação, que é o pilar supremo da arte poética, ele procura exprimir-se desembaraçadamente, em ritmos largos, de caráter respiratório.

Outro poema seu, de notável amplitude gráfica, "O outro lado do Brasil", há de comprovar que nem sempre o anseio de libertação, a teoria do desembaraço poético produz bons frutos. O seu ímpeto de expressão, decerto bebido em Walt Whitman, resvala escandalosamente. Na verdade ele papagueia o hoje esquecido Ronald de Carvalho daquele *Toda a América*, que quis ver traduzido para o inglês. São versos de cosmética exaltação nacionalista e enumerações insossas e fatigantes. Mais gilbertiano – e não whitmaniano ou subronaldiano – é o poema "Nordeste da cana-de-açúcar", resultado extremamente feliz de um desentranhamento. Nele, Gilberto Freyre nada com a desenvoltura de quem está tomando banho no Capibaribe:

> Nordeste de árvores gordas,
> de gente vagarosa
> e às vezes arredondada quase em sancho-panças
> [pelo mel de engenho,
> pelo peixe cozido com pirão,

Nesse poema, que presumo tenha sido desentranhado por mim da magnífica e contagiante prosa poética de *Nordeste* (ou será de outro livro do Mestre?) – nesse poema decerto nascido como prosa e arrancado de sua condição para viver viçosamente na forma poética, mexe-se e respira o melhor e mais preclaro Gilberto Freyre. O comentário sociológico que nele palpita se engasta numa visualidade inarredável. O Gilberto que vê, cheira, fareja, deleita-se, observa e celebra as coisas e os seres, as paisagens e os instantes, espreguiça-se tropicalmente nesses coloridos ou foscos postais de um Nordeste que ele ao mesmo tempo historiou e inventou com os seus dons de cientista contagiado pela criação poética e pelos poderes da ficção. E, em sua poesia escondida ou ostensiva, soube cantar a tristeza dos mosteiros pernambucanos e as "águas imundas dos rios do Nordeste/ prostituídos pelo açúcar": os brasileiros amarelinhos, os mucambos, "os azulejos velhos das sacristias". Soube, enfim, naqueles tempos de ebulição juncada de modernismos e modernices, e até de oswaldices, cantar o Nordeste e, por extensão, o Brasil. E, viajante guloso de paisagens estrangeiras, até a "neve mole" de Nova Iorque.

Mesmo nos "poemas europeus", que registram as andanças pelas outras terras – especialmente pelas terras portuguesas de Portugal e pelas terras portuguesas de além-mar, pelas áfricas e ásias e oceanias percorridas pelo seu olhar de viajante que nem sempre soube ver o que a secular colonização lusitana exibia ou ocultava –, está presente a sua condição de brasileiro, nordestino, pernambucano e recifense. E está presente, de modo escandalosamente nítido, a sua augusta condição de Gilberto Freyre gilbertiano. O autor de *Interpretação do Brasil* jamais se demite ou abre mão de si mesmo, de sua seminal integralidade, de sua demorada autocontemplação, de seu propósito de semear a sua imagem e importância, mesmo quando se encontra nos quartos dos hotéis estrangeiros e auditórios ilustres.

As perambulações científicas e líricas lhe permitem espalhar sempre, nas páginas de registro desses traslados, fecundas sementes biográficas e autobiográficas. E o mirar-se e automirar-se, a incansável contemplação num lago imaginário ou num espelho real, jamais haverá de esmorecer o leitor. Este recebe sempre com agrado, e quase sempre deleitado e seduzido, e curioso, as mais remotas notícias do grande autor e ator. A tão proclamada e às vezes tão invejada vaidade de Gilberto Freyre é uma vaidade salubre e efervescente. E até tonificante.

Obra de Gilberto Freyre e de desentranhadores ou ajeitadores argutos e devotados, aplicados em canalizar riachos incontáveis para um rio principal, este *Talvez poesia* é o *Decerto poesia*, destinado a compendiar a aventura poética de Gilberto Freyre.

As ajudas e descobertas, as reduções e extrações que o desvendaram em sua maior parte foram engolidas pelo tempo. Este livro pertence única e exclusivamente a Gilberto Freyre. É de sua autoria; e as subautorias notórias ou já esvaecidas somem na bruma ou na escuridão dos instantes. Os figurantes que colaboraram para a sua existência agiram como esses anônimos aprendizes que ajudam os grandes pintores a preparar as tintas, pendurar as telas, lavam os pincéis e até varrem o chão do ateliê insigne. E, postumamente, Gilberto Freyre, o invejável enamorado de si mesmo, usuário de uma solidão juncada de amizades e admirações – o senhor do solar de Apipucos ou, mais precisamente, o invejável e invejado Narciso de Apipucos –, se afirma e se impõe em *Talvez poesia* como um grande poeta do Nordeste e do Brasil.

A poesia pálida de hoje, sem cor nem sabor, sem rigor e sem vigor, sem amor e sem dor, sem folha e sem flor, muito lucraria absorvendo os ensinamentos deste livro. E os poetas pálidos e taciturnos haveriam de ganhar cores e viço ao receber

> Luz do sol de Olinda
> que dá às lagartixas
> a coragem de passear
> pelos pés dos São Bentos
> mais sisudos;
> coragem aos passarinhos
> de pousar
> nos São Josés dos altares,
> nas próprias coroas
> de ouro
> das Nossas Senhoras.

Onde estão os poetas de hoje, que não falam nem das lagartixas nem dos passarinhos?

Lêdo Ivo

Nasceu em Maceió, Alagoas, em 1924. É poeta, ficcionista e ensaísta. Sua obra tem sido traduzida para diversos idiomas. Além de numerosos prêmios nacionais, recebeu os prêmios Victor Sandoval (México), Casa das Américas (Cuba), e Rosalía de Castro (Espanha). Em 1986, foi eleito por unanimidade para a Academia Brasileira de Letras. Em 2011, publicou *O vento do mar*, seleção de textos de cunho autobiográfico. De Lêdo Ivo, a Global publicou *Melhores poemas, Melhores contos, Melhores crônicas, Um domingo perdido* (contos) e os livros infantojuvenis *O rato da sacristia* e *História da tartaruga*.

PREFÁCIO DO AUTOR

Alguns amigos querem que eu reúna em livro não só umas vagas tentativas (a que venho entregando desde menino de onze anos) de dar forma poemática a umas tantas impressões individuais de paisagens e a outras tantas expressões pessoais de experiência, como a possíveis erupções da mesma espécie que se encontrariam, dispersas, em trechos da minha prosa de ensaísta; e por dois desses amigos, ou por mim mesmo, reduzidas agora, por eles, a forma, por mim, à aparência de forma, poemática. Para a reunião em livro desses experimentos de um mau porém insistente e já velho aprendiz de poeta (que, por amor a tais aventuras, vem às vezes traindo sua prosa, sem substituí-la senão por arremedos de poesia), eu próprio adotei, mais por prudência que por modéstia, o título *Talvez poesia*.

Os amigos que me auxiliaram na redução de trechos de prosa a forma poemática foram Mauro Mota e Lêdo Ivo – poetas dos melhores, dentre os que hoje enriquecem a literatura brasileira com o vigor, a graça e a pureza do seu lirismo. Deles são poemas autênticos a que a prosa do ensaísta serviu apenas de pretexto. O leitor facilmente identificará tais poemas, embora Lêdo Ivo generosamente tenha escrito da sua contribuição para este livro que é "poesia tirada por Lêdo Ivo da poesia dispersa na prosa de Gilberto"; e o mesmo afirme Mauro Mota.

A primeira sugestão no sentido de serem realizadas reduções de trechos de prosa de um autor nem sempre ortodoxamente lógico, ou sequer sociológico, no seu modo de ser ensaísta – ao contrário: às vezes antissociológico e mesmo antilógico – a poemas como os que formam grande parte deste livro, partiu de outro notável poeta brasileiro do nosso tempo: Thiago de Mello. E à sua sugestão não faltou o apoio imediato de um Mestre: Manuel Bandeira. Nem o de outros poetas ilustres: Carlos Moreira, atualmente empenhado em reduzir a poema o *Guia prático, histórico e sentimental da cidade do Recife*, e Audálio Alves, que vem realizando o mesmo com a prosa de *Olinda*. Mais dois poetas também ilustres fizeram a mesmo com trechos de prosa de *Olinda*: o já citado Mestre Manuel Bandeira e César Leal.

Como bom crítico, além de excelente poeta, Manuel Bandeira estranharia, porém, quê fosse escrito pelo mesmo autor do por ele gentilmente louvado *Bahia de Todos os Santos e de quase todos os pecados* o, segundo a sua crítica – crítica nem sempre complacente – execrável, *O outro Brasil que vem aí*. Neste, descobriu, ninguém saberá dizer por quê, influência do Ronald de Carvalho de *Toda a América*, esquecido de ter Ronald se inspirado num poeta de língua inglesa muito da predileção do suposto imitador daquele poeta brasileiro: Walt Whitman.

Ambos os poemas – o louvado por Manuel Bandeira e o por ele repudiado – vão, entretanto, incluídos neste *Talvez poesia*, à sombra de um título que permite licenças ousadamente antipoéticas. Tal inclusão representa, ora simples transigência sentimental do autor com o seu passado; ora transigência, também da sua parte, com as suas tentativas, talvez estimuladas por um dos seus amigos franceses de mocidade, discípulo de Péguy, de, em ano já remoto – e também sob a influência, de língua inglesa (nos quais teve aliás, o gosto de iniciar, logo após o seu regresso do estrangeiro, vários amigos brasileiros: um deles, o próprio Manuel Bandeira), exprimir em versos evidentemente maus seus sonhos antes sociológicos *à la* Whitman ou *à la* Vachel Lindsay do que puramente líricos, com relação ao Brasil do seu tempo de jovem. Um Brasil, naqueles dias, em grande parte, artificial na sua organização política; e que por isso repugnava ao seu afã, talvez poético do que lógico – mas, mesmo assim, sociológico – de autenticidade.

Pelo mesmo motivo – transigência sentimental do autor com o seu passado – incluem-se, neste livro, outros dos seus arremedos de poemas. "Jangada triste" foi escrito por um menino ainda de onze anos, sob a influência de Camões sonetista abrasileirada pela de José de Alencar tropicalista: o Alencar dos "verdes mares bravios". "É a do Norte que vem", "Menino desejado", "A menina e a casa" foram escritos noutras datas; mas não deixam de ser marcados por aquela ingenuidade que se encontra em versos de adultos e até de velhos, quando sempre aprendizes de arte poética. *Bahia de Todos os Santos e de quase todos os pecados* chegou a receber, quando apareceu em edição particular, elogios ilustres. Mas o autor não se ilude nem a respeito desse talvez poema, nem das reduções, por ele próprio realizadas, de erupções de caráter lírico encontradas na sua prosa, considerando-as poesia indubitável.

A salvação certa deste livro, como livro de poemas, sabe ele que está nas intituladas reduções a forma poemática, de sua prosa, realizadas menos por ele que por dois autênticos poetas; e tendo as sugestões do prosador por simples pretextos às apenas intituladas reduções. Criações puras é o que são; e inconfundivelmente poéticas.

Santo Antônio de Apipucos, 1961.

Brasiliana:
litoral e sertão

BAHIA DE TODOS OS SANTOS E DE QUASE TODOS OS PECADOS

Bahia de Todos os Santos (e de quase todos os pecados)
casas trepadas umas por cima das outras
casas, sobrados, igrejas, como gente se espremendo pra
               [sair num retrato de revista ou jornal
(vaidade das vaidades! diz o Eclesiastes)
igrejas gordas (as de Pernambuco são mais magras)
toda a Bahia é uma maternal cidade gorda
como se dos ventres empinados dos seus montes
dos quais saíram tantas cidades do Brasil
inda outras estivessem pra sair
ar mole oleoso
cheiro de comida
cheiro de incenso
cheiro de mulata
bafos quentes de sacristias e cozinhas
panelas fervendo
temperos ardendo

o Santíssimo Sacramento se elevando
mulheres parindo
cheiro de alfazema
remédios contra sífilis
letreiros como este:
Louvado seja Nosso Senhor Jesus Cristo
(Para sempre! Amém!)
automóveis a 30$ a hora
e um ford todo osso sobe qualquer ladeira
saltando pulando tilintando
pra depois escorrer sobre o asfalto novo
que branqueja como dentadura postiça em terra
                                            [encarnada
(a terra encarnada de 1500)
gente da Bahia!
preta, parda, roxa, morena
cor dos bons jacarandás de engenho do Brasil
(madeira que cupim não rói)
sem rostos cor de fiambre
nem corpos cor de peru frio
Bahia de cores quentes, carnes morenas, gostos picantes
eu detesto teus oradores, Bahia de Todos os Santos
teus ruisbarbosas, teus otaviosmangabeiras
mas gosto das tuas iaiás, tuas mulatas, teus angus
tabuleiros, flor de papel, candeeirinhos,
tudo à sombra das tuas igrejas
todas cheias de anjinhos bochechudos
sãojoões sãojosés meninozinhosdeus
e com senhoras gordas se confessando a frades mais
                                            [magros do que eu

O padre reprimido que há em mim
se exalta diante de ti Bahia
e perdoa tuas superstições
teu comércio de medidas de Nossa Senhora e de
                    [Nossossenhores do Bonfim
e vê no ventre dos teus montes e das tuas mulheres
conservadores da fé uma vez entregue aos santos
multiplicadores de cidades cristãs e de criaturas de Deus
Bahia de Todos os Santos
Salvador
São Salvador
Bahia
Negras velhas da Bahia
vendendo mingau angu acarajé
Negras velhas de xale encarnado
peitos caídos
mães das mulatas mais belas dos Brasis
mulatas de gordo peito em bico como pra dar de mamar
                    [a todos os meninos do Brasil.
Mulatas de mãos quase de anjos
mãos agradando ioiôs
criando grandes sinhôs quase iguais aos do Império
penteando iaiás
dando cafuné nas sinhás
enfeitando tabuleiros cabelos santos anjos
lavando o chão de Nosso Senhor do Bonfim
pés dançando nus nas chinelas sem meia
cabeções enfeitados de rendas
estrelas marinhas de prata
teteias de ouro

balangandás
presentes de português
óleo de coco
azeite de dendê
Bahia
Salvador
São Salvador
Todos os Santos
Tomé de Sousa
Tomés de Sousa
padres, negros, caboclos
Mulatas quadrarunas octorunas
a Primeira Missa
os malês
índias nuas
vergonhas raspadas
candomblés santidades heresias sodomias
quase todos os pecados
ranger de camas de vento
corpos ardendo suando de gozo
Todos os Santos
missa das seis
comunhão
gênios de Sergipe
bacharéis de pince-nez
literatos que leem Menotti del Picchia e Mário Pinto
                                        [Serva
mulatos de fala fina
muleques
capoeiras feiticeiras

chapéus do chile
Rua Chile
viva J. J. Seabra
morra J. J. Seabra
Bahia
Salvador
São Salvador
Todos os Santos
um dia voltarei com vagar ao teu seio moreno brasileiro
às tuas igrejas onde pregou Vieira moreno hoje cheias de
                                          [frades ruivos e bons
aos teus tabuleiros escancarados em x (esse x é o futuro
                                                    [do Brasil)
a tuas casas a teus sobrados cheirando a incenso comida
                                                  [alfazema cacau.

VELHAS JANELAS DO RECIFE
E DE OLINDA

Velhas janelas do Recife e de Olinda
últimos olhos para as cidades que se transformam.

Da janela escancarada do nicho da igreja do Livramento, todas as noites desce sobre o bairro, sobre o Recife todo um longo olhar de queixa; e outro olho de queixa é o do nicho do convento do Carmo, que às vezes também se escancara e se ilumina.

>   Nas ruas napolitanas
>   do bairro de São José
>   com as roupas a secar
>   ainda se encontram antigas
>   janelas quadriculadas
>   os xadrezes dos postigos
>   que outrora amouriscavam
>   todo o Recife.
>
>   Em Olinda, na Rua do Amparo,
>   existe o abalcoado levantino

que romantiza toda a rua, à noite.
Na varanda parece debruçar-se
doce figura de mulher que chama
o cauteloso amante em capa negra
para um encontro como nas estampas
do tempo de Romeu e Julieta.

Através do xadrez
dessas velhas janelas
as mulheres de outrora
de um viver quase árabe
gulosamente olhavam
o que ia lá fora.

Essas velhas janelas
tomavam ar de festa
apenas durante os
dias de procissão.
Botavam-lhe as sanefas
de damasco e de seda,
ou de veludo, orgulho
das arcas e baús
dessas casas fidalgas
as mulheres então
olhavam nas varandas
ou ficavam de joelhos
sobre os abalcoados
benzendo-se e rezando
diante da procissão.

Imagens tristes de Nossos Senhores
e de Nossas Senhoras cujos olhos
eram de queixa e dor; santos, andores,
padres gordos de murças e de rendas;
frades com seus cordões, os irmãos de opas
e escapulários de variadas cores.

Ficavam na varanda
e no abalcoado, as mulheres
entre o pelo-sinal
e entre a rua e as sanefas.
Essas velhas janelas...

O OUTRO BRASIL QUE VEM AÍ

Eu ouço as vozes
eu vejo as cores
eu sinto os passos
de outro Brasil que vem aí
mais tropical
mais fraternal
mais brasileiro.
O mapa desse Brasil em vez das cores dos Estados
terá as cores das produções e dos trabalhos.
Os homens desse Brasil em vez das cores das três raças
terão as cores das profissões e regiões.
As mulheres do Brasil em vez das cores boreais
terão as cores variamente tropicais.
Todo brasileiro poderá dizer: é assim que eu quero
                                            [o Brasil,
todo brasileiro e não apenas o bacharel ou o doutor
o preto, o pardo, o roxo e não apenas o branco e
                                            [o semibranco.
Qualquer brasileiro poderá governar esse Brasil

lenhador
lavrador
pescador
vaqueiro
marinheiro
funileiro
carpinteiro
contanto que seja digno do governo do Brasil
que tenha olhos para ver pelo Brasil,
ouvidos para ouvir pelo Brasil
coragem de morrer pelo Brasil
ânimo de viver pelo Brasil
mãos para agir pelo Brasil
mãos de escultor que saibam lidar com o barro forte e
                                    [novo dos Brasis
mãos de engenheiro que lidem com ingresias e tratores
      [europeus e norte-americanos a serviço do Brasil
  mãos sem anéis (que os anéis não deixam o homem
                              [criar nem trabalhar)
mãos livres
mãos criadoras
mãos fraternais de todas as cores
mãos desiguais que trabalhem por um Brasil sem
                                   [Azeredos,
sem Irineus
sem Maurícios de Lacerda.
Sem mãos de jogadores
nem de especuladores nem de mistificadores.
Mãos todas de trabalhadores,
pretas, brancas, pardas, roxas, morenas,

de artistas
de escritores
de operários
de lavradores
de pastores
de mães criando filhos
de pais ensinando meninos
de padres benzendo afilhados
de mestres guiando aprendizes
de irmãos ajudando irmãos mais moços
de lavadeiras lavando
de pedreiros edificando
de doutores curando
de cozinheiras cozinhando
de vaqueiros tirando leite de vacas chamadas comadres
[dos homens.

Mãos brasileiras
brancas, morenas, pretas, pardas, roxas
tropicais
sindicais
fraternais.
Eu ouço as vozes
eu vejo as cores
eu sinto os passos
desse Brasil que vem aí.

NORDESTE DA CANA-DE-AÇÚCAR

Nordeste de árvores gordas,
de gente vagarosa
e às vezes arredondada quase em sanchos-panças pelo
                              [mel de engenho,
pelo peixe cozido com pirão,
pelo trabalho parado e sempre o mesmo,
pela opilação, pela aguardente,
pela garapa de cana, pelo feijão
de coco, pelos vermes,
pela erisipela,
pelo ócio, pelas doenças que fazem a pessoa
inchar, pelo próprio mal de comer a terra.

Nordeste onde nunca deixa de haver uma
mancha d'água:
um avanço de mar, rio ou riacho,
um esverdeado de lagoa.
Onde a água faz da terra mais mole o que quer:
inventa ilhas,
desmancha istmos

e cabos, altera a seu gosto
a geografia convencional dos compêndios.
Nordeste com a cal
das casas de telha
tirada das pedras do mar,
com uma população numerosa vivendo
de peixe, de marisco e caranguejo.

Nordeste oleoso,
onde noite de lua parece escorrer
um óleo gordo das coisas e pessoas,
da terra, do cabelo preto das mulatas,
das árvores lambuzadas de resinas,
do corpo pardo dos homens que trabalham
dentro do mar e dos rios,
na bagaceira dos engenhos,
no Cais do Apolo, nos trapiches.

Nordeste de terra gorda e de ar oleoso,
Nordeste da cana-de-açúcar,
da casa-grande dos engenhos,
dos sobrados de azulejo,
dos mucambos de palha de coqueiro
ou de coberta de capim-açu.
Nordeste da primeira fábrica brasileira de açúcar,
e talvez da primeira casa de pedra e cal,
da primeira igreja no Brasil,
da primeira mulher portuguesa criando menino
e fazendo doce em terra americana,
do Palmares de Zumbi.

Nordeste do massapê, da argila, do húmus gorduroso.
A terra aqui é pegajenta e melada,
agarra-se aos homens com modos de garanhona,
mas ao mesmo tempo parece
sentir gosto em ser pisada e ferida pelos pés
de gente, pelas patas
dos bois e dos cavalos.
Deixa-se docemente marcar até
pelo pé
de um menino
que corra
empinando um papagaio. Até
pelas rodas de um cabriolé
velho que vá
aos solavancos
de um engenho
de fogo morto
a uma estação
da Great-Western.

PAISAGEM SEXUAL

Maciços de catingueiras
salpicados nos tempos de chuva de vermelhos
ao sol como pingos de sangue fresco:
e de amarelos vivos
e de roxos untuosamente religiosos.
No verão, chupados pelo sol de todo esse sangue e de
                                        [toda essa cor
e quase reduzidos
aos ossos dos cardos
e a um mundo de formas esquisitas
de ascéticos relevos ósseos,
de meios-termos grotescos entre o vegetal e o humano,
de plágios até da anatomia humana
mesmo das partes vergonhosas.

Não haverá paisagem como esta
tão rica de sugestões
nem animada de tantos verdes,
tantos vermelhos, tantos roxos, tantos amarelos,
e tudo isso em tufos, cachos, corolas e folhas.

Como os cachos rubros em que esplende a ibirapitanga
e arde o mandacaru,
como as formas verdadeiramente heráldicas em que se
                                      [ouriçam os quipás
como as folhas em que se abrem os mamoeiros,
como as flores em que se antecipam os maracujás,
como as manchas violáceas das coroas-de-frade.

REDE

A vida do senhor de engenho tornou-se uma vida de
[rede.
Rede parada
com o senhor descansando, dormindo, cochilando.
Rede andando com o senhor em viagem
ou a passeio
debaixo de tapetes e cortinas.
Da rede não precisava afastar-se o escravocrata
para dar ordens aos negros
mandar escrever as suas cartas pelo caixeiro ou pelo
[capelão
jogar as cartas com algum parente ou compadre.
De rede viajavam quase todos
sem ânimo para montar o cavalo,
deixando-se tirar de dentro de casa como geleia
por uma colher.
Depois do almoço ou do jantar era na rede
que eles faziam longamente o quilo
arrotando

palitando os dentes
fumando charutos,
peidando
deixando-se abanar, agradar e catar piolho pelas
                                          [molequinhas.
Mas souberam ser duros e valentes em momentos de
                                          [perigo,
empunhar espadas e repelir estrangeiros afoitos,
esses homens moles, de mãos de mulher,
amigos exagerados da rede, volutuosos do ócio,
aristocratas com vergonha de ter pernas
e pés para andar e pisar no chão como qualquer escravo
                                          [ou plebeu.

FORMAS E CORES
DO SERTÃO E DO AGRESTE

Contrastes de verticalidade gótica e de volúpias rasteiras,
rudezas do alto sertão e do agreste,
maciços de catingueiras
salpicadas
nos tempos de chuva de vermelhos
que são ao sol como pintas de sangue fresco,
e de amarelos vivos,
de roxos litúrgicos.
No verão chupadas pelo sol de todo esse sangue e de
                                       [toda essa cor,
quase reduzidas
aos ossos dos cardos.
Paisagem animada de tantos verdes
tantos vermelhos, tantos roxos, tantos amarelos
em tufos, cachos, corolas e folhas

como os cachos rubros em que esplende a ibirapitanga e
                              [arde o mandacaru,
como as formas verdadeiramente heráldicas em que se
                              [ouriçam os quipás,
como as folhas em que se abrem os mamoeiros
e as manchas violáceas das coroas-de-frade.

HISTÓRIA SOCIAL: MERCADOS DE ESCRAVOS

Entre negros esverdeados
pelas doenças, se exibiam
os corpos de bela plástica
dos animais cujos dentes
de tão alvos pareciam
de dentadura postiça.
Negras lustrosas e moças,
um femeaço de boas
formas, lotes de molecas
passivamente deixando
se apalpar por compradores,
ante as exigências, moles,
saltando, mostrando a língua,
estendendo o pulso como
bonecos desses que guincham.
Havia ainda os moleques
franzinos. Nada valiam
porque se davam de quebra
aos compradores de "lotes".

LUZ DE OLINDA

Luz que deixa ver o fundo da areia de Beberibe,
que dá brilho aos azulejos velhos das sacristias,
dos corredores de convento, das frentes dos sobrados,
que não deixa que os vultos dos mosteiros
e das igrejas dominem Olinda
com abafados de sombras duras, negras
e tiranicamente clericais,
povoadas de corujas e morcegos.
Luz do sol de Olinda
que dá às lagartixas
a coragem de passear
pelos pés dos São Bentos
mais sisudos;
coragem aos passarinhos
de pousar
nos São Josés dos altares,
nas próprias coroas
de ouro
das Nossas Senhoras.

TRISTEZA DOS MOSTEIROS ADOÇADA

Tristeza dos mosteiros com seus monges
velhos a meditar no alto dos montes
compensada pela alegria das repúblicas
dos estudantes dos sobrados das ladeiras.
A gravidade do latim cantado
nos conventos adoçado à noite
pelo som das modinhas das serenatas,
fosse embora de estudo o ar dominante
na velha Olinda com os seus doutores,
seus cônegos, seus frades e estudantes.

LITORAL

Praias cheias de mucambos de palha
Rio Tapado, Rio Doce, Quadros, Conceição,
Praia do Janga, Pau-Amarelo.
Principalmente Pau-Amarelo
onde desembarcaram os holandeses.

FOTOGRAFIA

Velhas bicas de São Pedro e do Rosário,
portões antigos de Duarte Coelho,
janelas de xadrez das que outrora
davam à cidade um ar de burgo
oriental e desgarrado entre
os coqueiros da América.

MAL-ASSOMBRADO NOS RIOS

Só o mal-assombrado
povoa ainda de sonhos românticos
as águas imundas dos rios do Nordeste,
prostituídos pelo açúcar.
Mal-assombrado de estudante assassinado
que o cadáver aparece boiando
por cima das águas
ainda de fraque
e flor na botoeira.
Mal-assombrado do menino louro
afogado que o siri não roeu
e o anjinho aparece inteiro.
Mal-assombrado da moça morena
que se atirou no rio doida
de paixão e os seus cabelos
se tornaram verdes como o das iaras.

DANÇA DE PAI ADÃO

No Fundão
No sítio do velho
babalorixá
já morto
Pai Adão
Pretalhão
quase gigante
formado em artes
negras na própria
África
Ver esse velho
gigante preto
dançar era
um assombro:
De madrugada
parecia não ele,
mas alguma coisa
de elfo com
asas nos pés.

ORNITOLOGIA

Vira-bosta, curió, papa-capim,
papagaio, arara, periquito,
memento-mori do sem-fim.

O AMARELINHO

O Amarelinho bebeu um trago e disse:
Quem foi que disse que bandeira que tem amarelo é feia?
Quem foi que disse que amarelo não é macho?
Quem foi que disse que amarelo não é bamba?
Mulatas, louras, morenas
todas gritavam no meio da dança:
      Viva o Brasil!
      Viva a bandeira brasileira!
      Viva o Amarelinho!

Encanta-moça e outros encantamentos

ENCANTA-MOÇA

Talvez tenha-se tornado alamoa:
e ruiva como uma alemãzinha
e apareça nas noites de lua a homens morenos e até pretos,
assombrando-os e enfeitiçando-os
com a sua nudez de branca de neve
mas desmanchando-se como sorvete
quando alguém se aventura a chegar perto
do seu nu de fantasma
desmanchando-se como sorvete
e deixando no ar um frio ou um gelo de morte.

MOÇA DO SOBRADO

Era dentro de casa a vida
da moça de sobrado,
entretendo-se com a fala dos papagaios,
dizendo Meu Bem,
Meu amor, Iaiá, Sinhá, Dondon,
(na falta de uma voz grossa de homem)
entretendo-se com as carícias de macaco
e saguim
(na ausência de uns agrados
de rapaz)
as lojas mandavam ao sobrado
chapéus de abrir e de fechar,
botininhas de duraque,
fitas e pentes de marfim,
filós, cetins.
Chamavam-se os mascates
com as varas de côvado
verdadeiras matracas
batendo pelas ruas.

Tanto pano bonito, tanto frasco de cheiro
pulavam dos baús de flandres cor-de-rosa
para a esteira ou para cima do sofá
que a moça de cabeção e saia de baixo
de cabelo solto, e rodeada
de negras, sentia-se feliz como uma menina
doente entre brinquedos espalhados pela cama.

OLHA PARA MIM, IRENE

Nas areias das praias de Olinda,
em 1900, muito verso
a ponta de bengala, muita súplica:
"Amo-te, não me desprezes
ingrata."
E "olha para mim, Irene".

Tudo para Irene ler.
Irene passava toda
de cor-de-rosa
e de sapato
de salto
alto.
Às vezes de cabelo solto.

Na frente, ia o bacharel
o fraque preto voando ao vento.

ZOOLOGIA

O *pithecanthropus erectus*
das Histórias Naturais
é um tatu ou carapatu,
espécie de plágio das
histórias da carochinha.

BOÊMIO

Boêmio e até byroniano;
sair liricamente ruas afora,
ir pela beira dos cais do Capibaribe
ora recitando baixinho versos à Vovó Lua
ou à Dona Lua, ora assobiando
alto trechos da *Viúva Alegre* ouvida cantar
por italiana opulentamente gorda no Santa Isabel
e sempre gozando o silêncio da meia-noite recifense, o ar
bom da madrugada que
dá ao Recife o seu melhor encanto.

Quem sabe se não encontrará alguma mulher bonita?
alguma pálida iaiá de cabelos e desejos soltos?
Ou mesmo alguma moura-
-encantada
na figura de uma encantadora
mulata
de rosa ou flor cheirosa no cabelo?

ASSOMBRAÇÃO INGLESA

Perto da Avenida Malaquias
numa casa gótica levantada
por ex-capitão de navio inglês
que em frente à casa erguera o mastro do velho barco
durante anos comandado por ele,
em noites de muito escuro e vento mau
houve quem avistasse um marinheiro
no alto do mastro. Devia ser fantasma
de marinheiro inglês, alma de bife,
já desencarnado em espírito mas sem saber
separar-se daquele pedaço de navio velho
perdido entre mangueiras e jaqueiras do Recife.

ENFERMEIRA

Como se a natureza humana fosse
barro nas suas mãos, mãos criadoras
ou recriadoras de escultora
não só de corpos deformados pelo
furor das doenças como almas deformadas
pelos excessos da saúde;

Sua presença de enfermeira junto
a um enfermo permite-lhe tornar-se,
mais do que médico, do que padre ou do
que um rabino ou do que um pastor
evangélico, às vezes mais do que
esposa, filha, mãe, inspiração
para a nova alma que a enfermidade
longa e grave dá sempre ao seu enfermo.

MENINO DE LUTO

Foi quase um Brasil sem menino
o dos nossos avós e bisavós.
Aos oito anos o menino
dizia de cor os nomes
das capitais da Europa,
dos três inimigos da alma
somava, multiplicava,
diminuía, dividia.
Estudava Gramática
Latina, Retórica
e Francês. Só saía
de colarinho alto,
sobrecasaca escura,
chapéu duro, gravata
preta e em passo de enterro.
Só saía de luto
da própria meninice.

MENINO DE ENGENHO

O menino de engenho era decerto
criatura menos sacrificada à gravidade
de trajo e vida que o nascido nas cidades.

      Nas almanjarras,
      com os moleques
      seus camaradas
      leva-pancadas
      brincava de carrossel
      um carrossel
      a que servia
      de caixa de música
      e cantiga do tangedor.

      Montava a cavalo
      saía pelo mato
      com o moleque
      a pegar curiós.

No tempo de cana madura
chupava com delícia os roletes
que lhe torneavam a faca
os negros do engenho.

Gostava de fazer navegar
na água das levadas
em navios de papel
moscas e grilos
personagens dos romances de aventura
que inventava
antes de conhecer negras nuas
e viver seus primeiros romances de amor.

CANTA, CANTA, MEU SURRÃO

Era uma vez a menina
que tinha a madrasta ruim.
Era uma vez... A menina
foi tomar banho no rio.
Tirou os brincos de ouro
botou em cima da pedra.
Chegando em casa notou
a falta dos brincos de ouro.
Valha-me Nossa Senhora!
Onde estão meus brincos de ouro?
A minha madrasta ruim
por causa deles me mata!

Voltou à pedra do rio
para procurar os brincos,
os brincos do coração.
Mas, quando chegou ao rio,
quem havia de encontrar?
Um negro velho botou
a menina no surrão.

Por onde chegava o velho
botava o surrão no chão.
E dizia: "Canta, canta,
canta, canta, meu surrão,
senão te dou com o bordão."
E o surrão cantava logo
com sua vozinha doce:

"Neste surrão me meteram,
no surrão hei de morrer
por causa dos brincos de ouro
que no riacho deixei."

O povo todo gostava
de ouvir a voz do surrão
e dava dinheiro ao velho
mal ele estendia a mão.

Um dia ele foi à casa
da madrasta da menina.
Lá foi convidado para
comer, beber e dormir.
Mas as irmãs da menina
já tinham desconfiado
da voz doce do surrão.
E de madrugada, quando
o velho pegou no sono,
as moças foram, tiraram
a menina do surrão.

A menina estava magra,
muito fraca, coitadinha!
O negro velho só tinha
lhe dado para comida
sola de sapato velho.
Em vez da menina, as moças
encheram o surrão do
negro velho de cocô.

Sem dar pela coisa, o negro
velho bem cedo acordou.
Tomou café, foi-se embora,
mais adiante parou
e o surrão cantar mandou:
"Canta, canta, meu surrão."
Mas o surrão não cantou.
Que a menina ainda dormia
o negro velho pensou.
Meteu o pau no surrão
mas este se arrebentou
e a cara do negro velho
ficou suja de cocô.

A CABRA-CABRIOLA

Deitava fogo
pelos olhos
e pela boca.

Agredia o recifense
que se aventurasse a andar
por tais lugares escuros
nas noites de sexta-feira.

Vinha ao próprio
interior das casas
à procura de
meninos travessos:

"Eu sou a cabra-cabriola
que come meninos aos pares
Também comerei a vós
Uns carochinhos de nada."

Era preciso que os meninos se aconchegassem
bem às mães ou às avós ao primeiro
ruído estranho que ouvissem perto de casa.
Quando, no silêncio de antigas noites recifenses,
se ouvia longe,
por trás de velhos sobrados,
um choro mais triste de menino,
era quase certo
que a cabra-cabriola
estava devorando
algum malcriado,
algum desobediente
algum respondão.

Então
os meninozinhos acordados, que ouviam
ruído tão triste
gritavam por pai,
por mãe, por vó,
por sinhama, por bá;
ou se escondiam debaixo dos lençóis
ou rezavam a Nossa Senhora
faziam o pelo-sinal, diziam o padre-nosso.

VEM MENINO DESEJADO

Vem menino desejado
Vem dominar estas terras
Estas águas, estas matas
Estas mangueiras sinhás
Estes velhos cajueiros
Estas jaqueiras iaiás
Vem ser Senhor desta casa
Vem ser dono destes livros
Vem ver se são mesmo fortes
Estes móveis já avós.

É A DO NORTE QUE VEM

Cariocas e gaúchas
Belezas brasileiríssimas
Como também as paulistas
Abram alas batam palmas
Para a do Norte que vem
Toda de branco vestida
Muito sinhá no olhar
Muito moderna no andar.
O Norte não é só vaqueiro
Nem só Joaquim Nabuco
Não é só casa de engenho
Nem só Delmiro Gouveia
É também essa mistura
De uma graça de outro tempo
Com o moço Brasil de hoje
Que leva ao Sul leva ao Centro
A brasileira do Norte.

Agosto azul e outros poemas europeus

AGOSTO AZUL

Agosto azul
sem retórica nem literatura.

Quase não se enxerga o cor-de-rosa das casas.

A luz do sol cru
dói nos olhos de quem chega.

Quando a luz é muito forte
ninguém entende o que dizem
as coisas e as paisagens.

OUTRA VEZ AGOSTO AZUL

Agosto azul. Quase não se enxerga
o cor-de-rosa mais docemente lisboeta das casas
tanta é a luz de sol cru a doer nos olhos.
Entretanto em Lisboa o sol
mesmo no verão é tão cortês
com as pessoas e as coisas que parece
efeminar-se em lua.

Quando a luz é muito forte ninguém entende
o que dizem as coisas nem as paisagens
de uma cidade
Tornam-se claras demais para se fazerem compreender
brilhantes demais para serem amadas à primeira vista
difícil como é o amor sem um pouco de compreensão e
 [um pouco de sombra.

VELHO HOTEL

A caminho do Terreiro do Paço
vejo já quase reduzido a farinha
demolido da noite para o dia
o velho Hotel d'Inglaterra
o primeiro hotel em que me hospedei em Lisboa.
Era um sobradão avermelhado e feio
uns quartos sem gosto
mas não deixava de ter o seu caráter
o seu mistério
e até no melhor sentido o seu *it*.
Suas camas já estavam na realidade tomando um ar de
                                        [trastes de museu
Museu não de coches mas de camas velhas
onde no século XIX repousaram viscondessas gordas
descansaram brasileiras morenas iaiás grávidas
pecaram inglesas nem todas feias.
Já devia ter fantasmas
(se é que os hotéis retêm fantasmas).
Porque uma das tristezas dos hotéis velhos é esta:
não retêm fantasmas.

A MOCIDADE DE UM HOTEL É CURTA

Na vida de um hotel quinze anos são como cinco na vida
                                [de um bailarino: contam.
Poucos são os hotéis que sabem envelhecer.
E nada mais difícil.
O hotel é o contrário da igreja, do castelo, do convento,
                                [da própria casa
(cujo valor ou encanto aumenta com o tempo).
A mocidade de um hotel é curta.
Aos cinquenta anos já é um monstro evitado por quase
                                [toda gente
(menos os antiquários, os sentimentais, os excêntricos).

PARIS

Aqui me senti ainda moço
    um pobre tísico.
Foi há mais de trinta anos.
Escarrei sangue num hotel.
Mesmo assim tenho saudade
do pobre tísico e do seu Paris.

O MOSTEIRO DA BATALHA

O Mosteiro conhecido por Batalha
nem toda a gente sabe
na verdade se chama Santa Maria da Vitória.

Eu, depois que aprendi seu verdadeiro nome,
fiquei querendo mais ao velho Mosteiro:
Santa Maria da Vitória e não Batalha.

Em suas pedras encanta
certo tom cor-de-rosa que à luz da tarde
parece amaciar a pedra em carne.

Mais carne de santa que de mulher.

Pedra que se ruboriza de tanto ser louvada
e com o tempo se torna também música.

OS MOINHOS DE BUÇACO

Vamos juntos uma tarde ver moinhos de vento.

Há perto de Buçaco
uma tão grande constelação de tais moinhos
(alguns velhos e românticos)
que vale a pena alguém demorar uns dias
à sombra da antiga floresta de frades
só para ter o gosto de gozar
paisagem tão portuguesa.

Ou antes, tão hispânica.

Os moinhos de perto de Buçaco
parecem do tempo dos cavaleiros andantes.
Mas não havendo cavaleiros andantes
para confundi-los com monstros ou dragões
deixam-se docemente acariciar pelos olhos
dos turistas que tenham alguma coisa de meninos

em seu modo de ver as coisas como que eternas:
entre estas, os moinhos de vento.

Homens com olhos de meninos podem repetir
façanhas do velho Quixote.

JANTAR EM MADRID

Madrid
Jantar com grandes de Espanha
Excelências excelências excelências
Fidalgos, sábios, acadêmicos
No fim da festa
Todos nos tuteando.

ÉVORA

Quando saí da Biblioteca
a cidade estava escura:
era quase noite, e Évora à noite
é ainda mais Évora do que durante o dia.

DÉJÀ-VU

O brasileiro que vê Lisboa tem a impressão do *déjà-vu*.
Parece que já viu
que as formas e cores da cidade são conhecidas velhas
que o burgo se deixa rever e não simplesmente ver pelo
[brasileiro.
E rever é, às vezes, mais doce do que ver.

SAGRES

Sagres
Paisagem terrivelmente magra.
Não se compreende gente comodista nesta ponta de
                                        [terra áspera
(ela própria cheia de ossos, cheia de espinhos).
Só homens como o Infante
Ascetas doutos quase bruxos com suas capas negras
Árabes
Judeus
Matemáticos
Astrólogos
Geógrafos
olhando o mar com olhos de feiticeiros
ouvindo os ventos com ouvidos de tísicos ou de médicos
estudando os céus
emendando mapas
adivinhando terras
profetizando Índias, Áfricas e Brasis.

OUTRA VEZ SAGRES

Aqui a paisagem
nada tem de macio nem de doce
nem mesmo de lírico.

É dramática.
Feia e forte.

Revolta-se contra os fotógrafos
contra os estrangeiros
contra os burgueses que aqui chegam
turisticamente sorrindo
à procura do pitoresco fácil
do simplesmente bonito
do apenas gracioso.
Volta-lhes as costas de bruxa
deixando-se ver de face
só por quem venha do lado do mar.

Aqui viveu o Infante.
Aqui floresceu a sua Escola.

No meio desta paisagem terrivelmente magra.

MULHERES DE PORTUGAL

"Como as mulheres trabalham em Portugal!"
diz o menino brasileiro
o menino brasileiro admirado de tanta mulher a fazer
                                   [trabalho de homem.
Nos cais nos campos nas ruas de Portugal
mulheres com tabuleiros rudes à cabeça
vendendo peixe polvo marisco
praguejando que nem homem do mar.
Seus tabuleiros nada têm dos das baianas do Brasil
(femininos, dengosos, cheirando a doce a laranja a
                                     [quitute
carregados por mulatas de pés pequenos e mãos
                                   [mimosas
cheias de joias que lhes dão ricaços e doutores).

SARDINHAS MORTAS DE PORTIMÃO

Portimão
Precisa a gente caminhar com cuidado
senão atola o pé em sardinha morta
em resto de sardinha
em geleia de sardinha espapaçada por mil pés.
Sardinha aqui é papa derramada pelo chão
como se fosse fruta podre
tempo de fartura de fruta no Brasil
goiaba manga sapoti em velhos sítios de Belém, da Bahia,
                                                           [do Recife,
onde a fruta caída das árvores se torna quase lama
sobejo podre de excesso de maná
repudiado até pelos timbus.

NOMES ALGARVIOS

Gosto dos nomes algarvios
Alvor, por exemplo
também Odaleite, Alcontim, Ludo
Bengafrim, Aljejur, Almodavar.
Depois de uma serra chamada simplesmente Caldeirão
são nomes que se juntam às águas
para acariciar ouvidos
para adoçar cansaços.
Nomes que parecem de mulheres do Oriente
de mouras-encantadas em nomes em palavras
à espera de homens desencantados do Ocidente.

ÁGUAS DO ALGARVE

No Algarve as águas corrigem os excessos do sol.
São águas que recebem muito bem todas as visitas
que pedem desculpas dos exageros de luz
e das ausências de sombras
(crimes dos avós mouros).
Águas bíblicas águas orientais
águas mouras águas árabes
águas que refrescam os olhos do viajante
que adoçam os ouvidos até dos maus turistas,
  que amaciam as zangas dos ingleses contra os calores de
                                              [Portugal.

OLHÃO

As casas são cubos
como as do Norte da África.

Em vez de telhados
brilham ao sol terraços mouros ou árabes
que à noite, com um luar às vezes também africano
(e até maometano no modo de a lua
ser meia ou crescente),
tornam-se cenograficamente terraços
de histórias das mil-e-uma-noites.

AINDA OLHÃO

Olhão parece moura que não fosse torta
todas suas casas são cubos.
Todas suas linhas são retas
em vez de telhados de telhas curvas
brilham ao sol terraços retilíneos
que à noite com luas orientais mouras islâmicas
crescentes meias-luas luas novas luas velhas,
tornam-se terraços geométricos das mil-e-uma-noites.

VINHO DO PORTO

Até em Portugal se bebe hoje uísque em vez de porto
até em Portugal e não somente no Brasil
onde outrora era o porto servido por sinhás
entre rendas sedas babados cetins
o mais litúrgico dos vinhos depois do da missa
o do ritual das cerimônias cívicas
o das festas de família
o dos brindes de sobremesa
sultão das melhores bandejas de prata
rei dos mais finos biscoitos feitos pelas iaiás dos
                              [sobrados
centro das mais belas flores de retórica dos bacharéis e
                              [dos doutores.

VARINAS

As varinas são bailarinas
E não apenas vendedoras de peixe.
Descem ladeiras com uns pés nus de quem bailasse
[sempre
mas de quem bailasse não para inglês ver
e sim para seu próprio gozo de portuguesas eternas.
Não compreendo Lisboa sem varinas
Sem a cor, a graça, o escândalo
(escândalo no sentido bíblico da palavra)
que elas dão às ruas e às ladeiras.
Elas são para Lisboa
o mesmo que as baianas de tabuleiro para a Bahia.
As mais bonitas são capazes de gritar os mais duros
[palavrões.
"Mal-amada" – gritou uma – "ela que tinha o sexo
[calejado de tanto amar?"

A RIA

Aqui o sargaço não é mato do mar,
com suas algas e seus restos de peixe miúdo,
a ria engorda a terra do Aveiro
com seus pirões de lodo macio,
mingaus de lama,
caldos verdes de que a terra se deixa volutuosamente
                                        [embeber.

HOMENS DE ILHAVO

Homem de Ilhavo ou de Aveiro
quando impelem à vara os seus barcos de proas altas
os músculos das pernas
morenas contraídos
pelo esforço de vencer a água,
o peito como o de um lutador de luta de corpo ou de
                              [luta romana.
Esculturas vivas de Rodin
com todo o movimento de corpo macho
que Rodin procurou comunicar aos seus homens
                              [de mármore.

BARCOS PORTUGUESES

Os barcos de proas altas
reviradas e decoradas de figuras de cor
são belos porque os pescadores
querem que sejam assim belos e arcaicos.

Há pescadores aqui que não têm casas.
Suas casas são os barcos,
dormem nos barcos,
cozinham dentro deles suas caldeiradas,
confabulam com deuses, sereias e mães-d'águas.

OS AZULEJOS

Azul e branco.
De azuis e brancos encheram-se
casas, igrejas, conventos.

E sobre esses azuis e brancos
fixaram-se paisagens
figuras pitorescas
animais
cenas de caça
episódios de vidas de santos
desenhos florais de sabor ou estilo rococó.

Raro, porém, o que fosse definidamente local.

PENICHE

Peniche
Almas de náufragos parecem embranquecer o ar da noite
almas penadas parecem encher os ventos de gemidos
                        [finos de doentes
mulheres tristes paradas à porta de casas também tristes
(talvez viúvas de pescadores que o mar levou ainda
                        [moços).
Velhas de preto.
Sobejos de mulheres também moças saudosas dos seus
                        [homens vigorosamente moços.
Velhas que devem ser doutoras em rendas finas rendas
                        [brancas
rendas alvas rendas alvíssimas branquíssimas puríssimas
que alvejam nos altares dos santos
nos vestidos das noivas
nos enxovais dos meninos
nas blusas das inglesas que regressam a Londres depois
                        [de um mês em Portugal.

ROMA

Roma
as catacumbas
o cemitério Protestante
o Vaticano
o Papa falando português
e dizendo corazón em vez de coração

EM HEIDELBERG: PENSANDO NA MORTE

Penso no alemão que chamou a Morte de
      "doce Morte" e disse
      "– Vem, doce Morte".
Eu não chamo a Morte de doce
Sei que Ela é amarga
(O amargor das raízes.)
O que eu digo à amarga Morte é
      que venha docemente.

EM SALAMANCA: MORTE E ESPERANÇA

Salamanca
mestra de Don Miguel
me ensina a morrer
sem a certeza de perecer.

OXFORD

Revejo Oxford
Volto à adolescência
O espaço revivendo o tempo.

África & Ásia

NATUREZA AFRICANA

A onça, *gourmet* a seu modo, parece
fazer dos molequinhos nus que saem a pastorear o gado,
montados em vacas como se montassem cavalos,
seu petisco de estimação.

Talvez se esses molequinhos
vítimas inermes de onças como o nosso –
o Negrinho do Pastoreio do Brasil –
de senhores maus,
acendessem velas a Nossa Senhora de Fátima
amiga dos pastores,
viessem a livrar-se das feras
que os perseguem de modo tão cruel.

Ali mesmo, naquele jardim
onde eu acabara de ver rosas civilizadíssimas,
aparecera hiena há pouco tempo.
(Pensei no horror das rosas puras
dignas só de altares da Virgem
e do cabelo das donzelas
babujadas por hienas.)

OS BICHOS E O AVIÃO

África oriental. O pequeno avião
em voo baixo sobre animais bravios,
em voo tão baixo que as feras mais afoitas
chegam a investir contra o avião intruso.
Como o dia é de sol depois de várias semanas de chuva
os bichos afluem aos descampados
volutuosamente para se aquecerem.
Os hipopótamos são os que primeiro se oferecem à
                                        [nossa vista,
os búfalos deixam admirar-se quase como num circo.
Os elefantes, famílias inteiras de elefantes a correrem não
                                          [em desordem,
mas hierarquicamente, fidalgamente pelo descampado
é que não se conformam com a intrusão: reagem.
Alguns reagem contra o avião com uma violência
                              [verdadeiramente selvagem,
embora, todo o tempo, fidalga.

Vejo-os chegar tão perto do frágil aviãozinho
que tenho medo de suas trombas de gigantes enfurecidos.
O marfim de suas presas brilha ao sol.
Todos eles parecem brilhar ao sol
pois todos estão um pouco úmidos das últimas chuvas.

PÉS BAILARINOS

Pés africanos desde o Senegal,
mesmo quando sujos e de trabalhadores rurais,
aristocráticos e superiormente belos.
Pés que fazem de quase todo africano um eterno
                                              [bailarino
no regozijo,
na dor,
no sexo,
no temor,
na fé, bailando,
servindo-se do corpo inteiro,
mas principalmente dos pés.

Os pés do europeu são, de ordinário, só para caminhar.
Os do europeu rico quase não caminham
apenas sustentam ou completam o corpo.
Os do africano, e não apenas os da africana,
até caminhando parecem dançar.
Lembrança de Baudelaire:
Même quand elle marche on dirait qu'elle danse.

Pés bailarinos
ao lado dos quais
os de lordes ingleses,
comendadores italianos,
membros da Academia Francesa,
generais alemães,
milicianos americanos,
talvez se achatassem todos em caricaturas,
se fossem submetidos a um exame de antropologia
                                            [estética.

EM BOMBAIM

Vejo pela primeira vez indianos na própria Índia
(me lembro de Tagore me
achando parecido com indiano)
Vejo hindus, parses, muçulmanos, cristãos
Homens eternamente meninos
   (meninos fantasiados de homens
  sem barbas, sem rugas, grandes olhos negros e
                                      [tristes)
e no meio deles, sábios das Mil e Uma Noites
Sábios desgarrados entre meninos.

GOA

As cidades são um tanto como os indivíduos
no seu modo de, mesmo arruinadas,
conservarem um pouco da majestade antiga.
Na Goa em ruína ainda há um pouco de Roma que ela
                                      [chegou a ser,
no meio dos coqueiros asiáticos, como que antirromanos,
                              [anticatólicos, antieuropeus
Goa parece os ter amaciado em árvores quase
                     [liturgicamente Católicas.
Coqueiros e igrejas Católicas parecem completar-se na
                   [composição de paisagens lusotropicais.

CABEÇAS DE NEGROS E DE BRANCOS

Cabeças de negros pretos e fulos
que tenho visto na Guiné
comunicam às vezes uma tal impressão de fidalguia
                                          [e elegância
que nos imaginamos entre verdadeiros grandes
não só da Espanha, mas da espécie humana
cabeças que lembram as de aristocratas
da Europa, dos Estados Unidos, do Brasil.
Anoto algumas, sob a impressão imediata de
                                 [semelhanças mais fortes:
a de um fulo anguloso e barbado, perfil,
ao mesmo tempo de polichinelo e faraó,
que recorda certos retratos de Disraeli;
a de outro, também fino, anguloso, alto,
a quem pouco falta
de um perfeito Lord Halifax disfarçado em negro;
a de um terceiro dentuço e de óculos,
que, quando vi, era um Woodrow Wilson exato;

a de um velho curvado mas ainda elegante,
olhos de santo e sábio ao mesmo tempo,
sósia de Mercier, o Cardeal.
Anoto ainda um Palmerston,
um Zacarias de Góis e Vasconcelos,
um Visconde do Rio Branco,
um Marcondes Filho,
uma Dona Laurinda Santos Lôbo,
um Augusto Frederico
Schmidt e Mrs. Roosevelt
Uma perfeita Mrs. Roosevelt.

A MOSCA DO SONO

A mosca terrível
feia, sinistra, com umas asas
que parecem fazer dela miniatura
de bruxa ou moura-torta sob a forma de mosca.
A mosca terrível da doença do sono
é toda preta como se vivesse
numa sádica antecipação de luto pelas vítimas.

OS MAPAS

Encontro muita poesia nos mapas.

Soneto de colegial

JANGADA TRISTE

Ao longe, mui longe, no horizonte,
além, muito além daquele monte,
como ave que voa desdenhada,
flutua tristemente uma jangada.

Nos zangados soluços do oceano,
quase desaparece o canto humano
de quem no mar e céu inda confia
porque em terra tudo lhe é melancolia.

Isso de terra firme e mar traiçoeiro
nem sempre é certo para o jangadeiro
mais preso ao fiel sal que à incerta areia.

Mistura ao grande azul as suas mágoas
e encontra no vaivém das verdes águas
consolo às negras dores cá da terra.

JANGADA TRISTE

De pai para filha

A MENINA E A CASA

Minha Sônia
Minha Sônia
Minha Soninha Maria
Nesta casa
Neste mato
Quero ver Sônia crescer.
A casa é cheia de livro
O mato é cheio de bicho
Os livros contam histórias
Os bichos falam também
Mesmo as mesas, mesmo as plantas
Os retratos dos vovós
As panelas da cozinha
Mangueiras e coisas velhas
Têm boca falam também
Dizem segredos bonitos
Que os meninos
Que os poetas

Ouvem ninguém sabe como.
Quero ver Sônia Maria
Conversando com as galinhas
Com o gato
Com os passarinhos
Com a cadeira de balanço
Com o rio que passa perto
Preguiçoso dando voltas
Sem pressa de ir pro mar
Com as estrelas com as palmeiras
Com as cigarras dos bambus
Com os pingos d'água de chuva
E mesmo com os cururus
Com os livros cheios de histórias
Com os almanaques
Com os quadros
E com a melhor das mamães.

Versos para Ana Cecília
e outros poemas

VERSOS PARA ANA CECÍLIA, AO COMPLETAR QUINZE ANOS, ESCRITOS NO JARGÃO DA FAMÍLIA

Minha Cissa, minha Cissa
Minha Cecy de Alencar,
Minha Aninha Cissisinha
Minha primeira netinha
Outra Madá outra Tama
Outra carícia outro amor
Outro espinho no caminho
De quem só ama sofrendo
De tanto se inquietar
Com os futuros com os presentes
Das pessoas mais amadas
Longo caminho esse meu
Saudades de amigos mortos
E de tempos também mortos
Se é que amigos e tempos
Morrem na vida das gentes

É muito da vida isso
De uns deixarem outros chegarem
Os que deixam não deixando
Mas sempre continuando
Avó mãe e Cissinha
Três Franciscas dois Fernandos
Ulysses não sei quanto Ulysses
Dois Alfredos três Marias
Um Gilberto outro Gilberto
Na família de Cecy
Três Antonios Pimentel
Um deles seu mano Tonte
E entre tantas hoje ausências
Presenças sempre presenças
Mas que presença maior
Mais manhã na minha noite
Que a de Ana Cissinha?

APELO A UM AMIGO

Em vez de Lins do Rego
que é nome só de literato
ou de político querendo voto
que teu nome comece por José
O José da tua infância
Nos dias na casa do velho avô
O mais nome dos teus nomes
O mais cheio do teu eu
O mais fiel ao que és.

DOIS BANDEIRAS AMIGOS MEUS

Dois Bandeiras meus amigos
 Bandeira de cá
  Bandeira de lá
   Bandeira poeta
    Bandeira pintor
     Todos dois amigos meus
      Bandeira de lá
       Bandeira de cá
        Todos dois pernambucanos
         E todos dois Manuéis.

DADADE

Dadade Felicidade
Escrava de velha avó
Que conheci eu menino
Com o nome Felicidade
Abreviado em Dadade
Alegre como ela só
Feliz de manhã a noite
Falando rindo dançando
Recordando velhos dias
Sem o menor amargor
Fiel ao nome Dadade
Ao nome Felicidade.

MAGDA OU MADÁ

Aqui de uma imunda prisão
Com um lápis emprestado
E num pobre retalho de papel
Escrevo só pra lhe dizer
Quanto penso em você
Na filhinha inda tão nova
Em meu Pai na velha casa
Mas sobretudo em você
Mais querida do que nunca
Mais amada do que nunca
Mais do que nunca vista
Como realmente és
Amparo guia inspiração.
Palavras talvez banais
Se não saíssem daqui.
Dando pra tanta altura
Desta imendíssima prisão
Onde estou cumprindo, um fado
(Fado, fadário, destino)
De homem de Pernambuco
Desdenhoso dos poderes
De tiranete tão vil.

FALANDO A MRS. BROWNING

Elizabeth Browning
minha inglesinha doente
minha santa Terezinha
vem, santa, me consolar
porque estou só, Mrs. Browning
sem palavras de amor em português
só a triste Saudade
só a vaga Esperança
procuro em vão outras palavras
traduzidas por você de um português que não existe.

AUSÊNCIA

Que saudade é esta minha
que não me deixa escrever
que faz meus olhos não lerem
meus ouvidos me traírem?
é a saudade pior
a das ausências pequenas
chuva miúda por dentro
mesmo quando tudo é sol.

NADA PREVALECERÁ, MARIA

Os caminhos são longos, Maria
às vezes cheios de pedra
outras vezes cheios de sombras
sombras inesperadas
sombras que vêm como as das noites
depois de dias gostosamente de escuro claros
mas se o amor de Maria me iluminar
se a ternura de Maria me animar
se o olhar de Maria me guiar
nem os caminhos longos
nem as sombras tristes
nem as pedras cruas
nem as noites de escuro
nada prevalecerá.

ULYSSES

Quem mais irmão mais velho
Quem mais irmão do mais moço
Que Ulysses de Mello Freyre?
Além de irmão, um pouco pai
Além de um pouco pai, um pouco mãe
Como só um irmão mais velho pode ser.
Quando até pai e mãe por melhores
Deixam de compreender de todo
Um ser humano que cresce
Desigual e contraditoriamente.

DEPOIS QUE ENCONTREI MADÁ

Um dia encontrei Madá
também Lena ou Magdalena
meus olhos viram de novo
tudo em mim se iluminou
perguntei: que luz é essa?
que mundo novo estou vendo?
que gosto novo sentindo?
que novo cheiro das plantas?
que novas cores das águas?
então uma voz me disse
falando uma língua nova
que tudo isso era amor.

DESDE QUANDO CONHEÇO MADÁ

O curioso me pergunta há quanto tempo eu lhe
                                      [conheço, Madá
Há dez mil, há cem mil anos
Da Índia, da China, da Bíblia, do Egito
Dos primeiros dias do mundo
Não quero dizer ao curioso a palavra sagrada,
Eu lhe conheço, Madá, da eternidade.

PENSANDO EM MADÁ

Já vi muita terra estranha
muitos mares muitas águas
já vi reis já vi rainhas
vi catedrais vi castelos
mas tudo isso se apaga
quando penso em ti, Madá.

O PRIMEIRO BEIJO

Guardarei o primeiro beijo de Madá
não como uma flor
(que as flores murcham entre as páginas de
                                [livros tristes)
nem como uma joia
(que as joias brilham mas são lembrança guardada
                                [em veludos tristes)
guardarei o primeiro beijo de Madá
como um instante de vida
um minuto de vida viva para sempre.

SILÊNCIO EM APIPUCOS

As mangueiras
o telhado velho
o pátio branco
as sombras da tarde cansada
até o fantasma da judia rica
tudo está à espera do romance começado

um dia sobre os tijolos soltos
a cadeira de balanço será o principal ruído
as mangueiras
o telhado
o pátio
as sombras
o fantasma da moça
tudo ouvirá em silêncio o ruído pequeno.

SE EU PERDESSE MADÁ

Se eu perdesse Madá
a vida se tornaria para mim um resto frio de vida
quase uma morte
e a casa encantada
quase um sepulcro
e o romance inglês
um romance russo
os dias todos umas noites
as noites todas de escuro
os gostos todos de cinza
todas as flores sem cheiro
todas as estrelas sem brilho
se eu perdesse Madá

UM PARA SEMPRE

Não é a morte, Madá, é o amor
assim aconteceu à inglesinha tristonha
assim acontecerá a nós dois, Madá,
irmãos na tristeza que às vezes leva à morte.
Tristeza, morte e tudo nós dois venceremos, Madá
com o amor,
e pelo amor
seremos um
e este um para sempre.

MINHA NOVA MADÁ

Minha nova Madá
Minha Madá mais linda do que dantes.
O choro ainda da criança grande
Mas o sorriso já de quem é mãe
Minha nova Madá
Minha Madá mais linda do que dantes.

SEMPRE QUIXOTE?

Eu busco os absurdos impossíveis
Não me basta a doçura dos possíveis
Nem as doçuras nem as vãs certezas
São para mim da vida o que é maior

Não me seduz o fácil na esperança
Como se o fácil fosse a só bonança
Viver é para mim mais um buscar
Que um ditoso encontrar de fáceis bens

Mas que será de quem tanto procura
Se não alcança nunca essa ventura
Que de tanto fugir é desventura?

Quero encontrar um dia a procurada
Ouvir a voz difícil dessa amada
Dizendo talvez sim a quem a busca.

Natal – 1971

FRANCISQUINHA

Francisca, Kika, Kiquinha
tão nova, tão menininha
em quem ressurgem vovós,
dentre as chamadas Franciscas,
todas belas sinhazinhas,
de outros dias brasileiros.
Kika, doce Francisquinha,
flor de três lindos irmãos,
encanto de Kitty e Nando
de Kitty e Nanducão
dois grandes de Apipucão
junto com os dois avosões
um deles Lady Real
Dona Madá pras amigas
Avó de cinco netinhos
Dinda de Cissa e Kika
Kika é dona de Apipucos
onde sendo princesinha
sabe nadar na piscina

da casa sua e dos pais
e pintar verde e azuis
dos matos e dos jardins
destas terras onde nasceu
e onde também sabe ouvir
cantos dos passarinhos
e entender o que eles dizem
só para quem inda for menino
e nunca deixa de ser
quem está assim falando
a Kikinha de Apipucos
é um avô já velhinho
que continua pintando
desenhos ameninados
que Kika lhe ouça a voz
de quem não sendo poeta
sabe apenas lhe dizer
num dia de parabéns
que se soubesse cantar
como o primo João Cabral
poeta dentre os maiores
deste Brasil atual
cantaria para você
a mais linda Francisquinha
do velho e bom Pernambuco
o mais musical dos cantos
em louvor dos seus encantos.

ATELIER

Perdi o gosto de partir
quero ficar
viajar entre os quatro cantos
onde brinquei menino
mangueiras e jaqueiras
e não entre a Europa e a América
a África e a Oceania.

        Poema datado de 1936, em homenagem a Cícero Dias.

BIOBIBLIOGRAFIA DE GILBERTO FREYRE

1900 Nasce no Recife, em 15 de março, na antiga Estrada dos Aflitos (hoje Avenida Rosa e Silva), esquina de Rua Amélia (o portão da hoje residência da família Costa Azevedo está assinalado por uma placa), filho do dr. Alfredo Freyre – educador, juiz de direito e catedrático de Economia Política da Faculdade de Direito do Recife – e de Francisca de Mello Freyre.

1906 Tenta fugir de casa, abrigando-se na materna Olinda, desde então, cidade muito de seu amor e da qual escreveria, em 1939, o *2º guia prático, histórico e sentimental*.

1908 Entra no jardim de infância do Colégio Americano Gilreath. Lê as *Viagens de Gulliver* com entusiasmo. Não consegue aprender a escrever, fazendo-se notar pelos desenhos. Tem aulas particulares com o pintor Telles Júnior, que reclama contra sua insistência em deformar os modelos. Começa a aprender a ler e escrever em inglês com Mr. Williams, que elogia seus desenhos.

1909 Primeira experiência da morte: a da avó materna, que muito o mimava por supor que o neto tinha *deficit* de aprendizado, pela dificuldade em aprender a escrever. Temporada no engenho São Severino do Ramo, pertencente a parentes seus. Primeiras experiências rurais de menino de engenho. Mais tarde escreverá sobre essa temporada uma das suas melhores páginas, incluída em *Pessoas, coisas & animais*.

1911 Primeiro verão na Praia de Boa Viagem, onde escreve um soneto camoniano e enche muitos cadernos com desenhos e caricaturas.

1913   Dá as primeiras aulas no colégio. Lê José de Alencar, Machado de Assis, Gonçalves Dias, Castro Alves, Victor Hugo, Emerson, Longfellow, alguns dramas de Shakespeare, Milton, César, Virgílio, Camões e Goethe.

1914   Ensina latim, que aprendeu com o próprio pai, conhecido humanista recifense. Toma parte ativa nos trabalhos da sociedade literária do colégio. Torna-se redator-chefe do jornal impresso do colégio *O Lábaro*.

1915   Tem lições particulares de francês com Madame Meunieur. Lê La Fontaine, Pierre Loti, Molière, Racine, *Dom Quixote*, a Bíblia, Eça de Queirós, Antero de Quental, Alexandre Herculano, Oliveira Martins.

1916   Corresponde-se com o jornalista paraibano Carlos Dias Fernandes, que o convida a proferir palestra na capital do estado vizinho. Como o dr. Freyre não apreciava Carlos Dias Fernandes, pela vida boêmia que levava, viaja autorizado pela mãe e lê no Cine-Teatro Pathé sua primeira conferência pública, dissertando sobre Spencer e o problema da educação no Brasil. O texto foi publicado no jornal *O Norte*, com elogios de Carlos Dias Fernandes. Influenciado pelos mestres do colégio e pela leitura do *Peregrino*, de Bunyan, e de uma biografia do dr. Livingstone, toma parte em atividades evangélicas e visita a gente miserável dos mucambos recifenses. Interessa-se pelo socialismo cristão, mas lê, como espécie de antídoto a seu misticismo, autores como Spencer e Comte. É eleito presidente do Clube de Informações Mundiais, fundado pela Associação Cristã de Moços do Recife. Lê ainda, nesse período, Rui Barbosa, Joaquim Nabuco, Oliveira Lima, Nietzsche e Sainte-Beuve.

1917   Conclui o curso de Barechal em Ciências e Letras do Colégio Americano Gilreath, fazendo-se notar pelo discurso que profere como orador da turma, cujo paraninfo é o historiador Oliveira Lima, daí em diante seu amigo (ver referência ao primeiro encontro com Oliveira Lima no prefácio à edição de suas *Memórias*, escrito a convite da viúva e do editor José Olympio). Leitura de Taine, Renan, Darwin, Von Ihering, Anatole France, William James, Bergson, Santo Tomás de Aquino, Santo Agostinho, São João da Cruz, Santa Teresa, Padre Vieira, Padre Bernardes, Fernão Lopes, São Francisco de Assis, São Francisco de Sales e Tolstói. Começa a estudar grego. Torna-se membro da Igreja Evangélica, desagradando a mãe e a família católica.

1918   Segue, no início do ano, para os Estados Unidos, fixando-se em Waco (Texas) para matricular-se na Universidade de Baylor. Começa a ler Stevenson, Pater,

Newman, Steele e Addison, Lamb, Adam Smith, Marx, Ward, Giddings, Jane Austen, as irmãs Brönte, Carlyle, Mathew Arnold, Pascal, Montaigne, Euclides da Cunha e Monteiro Lobato. Inicia sua colaboração no *Diário de Pernambuco*, com a série de cartas intituladas "Da outra América".

1919   Ainda na Universidade de Baylor, auxilia o geólogo John Casper Branner no preparo do texto português da *Geologia do Brasil*. Ensina francês a jovens oficiais norte-americanos convocados para a guerra. Estuda Geologia com Pace, Biologia com Bradbury, Economia com Wright, Sociologia com Dow, Psicologia com Hall e Literatura com A. J. Armstrong, professor de Literatura e crítico literário especializado na filosofia e na poesia de Robert Browning. Escreve os primeiros artigos em inglês publicados por um jornal de Waco. Divulga suas primeiras caricaturas.

1920   Conhece pessoalmente, por intermédio do professor Armstrong, o poeta irlandês William Butler Yeats (ver, no livro *Artigos de jornal*, um capítulo sobre esse poeta), os "poetas novos" dos Estados Unidos: Vachel Lindsay, Amy Lowell e outros. Escreve em inglês sobre Amy Lowell. Como estudante de Sociologia, faz pesquisas sobre a vida dos negros de Waco e dos mexicanos marginais do Texas. Conclui, na Universidade de Baylor, o curso de Bacharel em Artes, mas não comparece à solenidade da formatura: contra as praxes acadêmicas, a Universidade envia-lhe o diploma por intermédio de um portador. Segue para Nova York e ingressa na Universidade de Colúmbia. Lê Freud, Westermarck, Santayana, Sorel, Dilthey, Hrdlicka, Keith, Rivet, Rivers, Hegel, Le Play, Brunhes e Croce. Segundo notícia publicada no *Diário de Pernambuco* de 5 de junho, a Academia Pernambucana de Letras, por proposta de França Pereira, elege-o sócio-correspondente.

1921   Segue, na Faculdade de Ciências Políticas (inclusive as Ciências Sociais Jurídicas) da Universidade de Colúmbia, cursos de graduação e pós-graduação dos professores Giddings, Seligman, Boas, Hayes, Carl van Doren, Fox, John Basset Moore e outros. Conhece pessoalmente Rabindranath Tagore e o príncipe de Mônaco (depois reunidos no livro *Artigos de jornal*), Valle-Inclán e outros intelectuais e cientistas famosos que visitam a Universidade de Colúmbia e a cidade de Nova York. A convite de Amy Lowell, visita-a em Boston (ver, sobre essas visitas, artigos incluídos no livro *Vida, forma e cor*). Segue, na Universidade de Colúmbia, o curso do professor Zimmern, da Universidade de Oxford, sobre a escravidão na Grécia. Visita a Universidade de Harvard e o Canadá. É hóspede da Universidade de Princeton, como representante dos estudantes da América Latina que ali se reúnem em congresso. Lê Patrick Geddes, Ganivet, Max Weber, Maurras, Péguy, Pareto, Rickert, William Morris, Michelet, Barrès, Huysmans, Verlaine, Rimbaud, Baudelaire, Dostoievski, John Donne, Coleridge, Xenofonte, Homero, Ovídio, Ésquilo, Aristóteles e Ratzel. Torna-se editor associado da revista *El Estudiante Latinoamericano*, publicada mensalmente em Nova York pelo Comitê de Relações Fraternais entre Estudantes Estrangeiros. Publica diversos artigos no referido periódico.

1922 Defende tese para o grau de M. A. (*Magister Artium* ou *Master of Arts*) na Universidade de Colúmbia sobre *Social life in Brazil in the middle of the 19th century*, publicada em Baltimore pela *Hispanic American Historical Review* (v. 5, n. 4, nov. 1922) e recebida com elogios pelos professores Haring, Shepherd, Robertson, Martin, Oliveira Lima e H. L. Mencken, que aconselha o autor a expandir o trabalho em livro. Deixa de comparecer à cerimônia de formatura, seguindo imediatamente para a Europa, onde recebe o diploma, enviado pelo reitor Nicholas Murray Butler. Vai para a França, a Alemanha, a Bélgica, tendo antes passado pela Inglaterra, estabelecendo-se em Oxford. Vai para a França, atravessa a Espanha e conhece Portugal, onde se fixa. Lê Simmel, Poincaré, Havelock Ellis, Psichari, Rémy de Gourmont, Ranke, Bertrand Russell, Swinburne, Ruskin, Blake, Oscar Wilde, Kant e Gracián. Tem o retrato pintado pelo modernista brasileiro Vicente do Rego Monteiro. Convive com ele e com outros artistas modernistas brasileiros, como Tarsila do Amaral e Brecheret. Na Alemanha conhece o Expressionismo; na Inglaterra, estabelece contato com o ramo inglês do Imagismo, já seu conhecido nos Estados Unidos. Na França, conhece o anarcossindicalismo de Sorel e o federalismo monárquico de Maurras. Convidado por Monteiro Lobato – a quem fora apresentado por carta de Oliveira Lima –, inicia sua colaboração na *Revista do Brasil* (n. 80, p. 363-371, agosto de 1922).

1923 Continua em Portugal, onde conhece João Lúcio de Azevedo, o Conde de Sabugosa, Fidelino de Figueiredo, Joaquim de Carvalho e Silva Gaio. Regressa ao Brasil e volta a colaborar no *Diário de Pernambuco*. Da Europa escreve artigos para a *Revista do Brasil* (São Paulo), a pedido de Monteiro Lobato.

1924 Reintegra-se no Recife, onde conhece José Lins do Rego, incentivando-o a escrever romances, em vez de artigos políticos (ver referências ao encontro e início da amizade entre o sociólogo e o futuro romancista do Ciclo da Cana-de-Açúcar no prefácio que este escreveu para o livro *Região e tradição*). Conhece José Américo de Almeida através de José Lins do Rego. Funda-se no Recife, a 28 de abril, o Centro Regionalista do Nordeste, com Odilon Nestor, Amaury de Medeiros, Alfredo Freyre, Antônio Inácio, Morais Coutinho, Carlos Lyra Filho, Pedro Paranhos, Júlio Bello e outros. Excursões pelo interior do estado de Pernambuco e pelo Nordeste com Pedro Paranhos, Júlio Bello (que a seu pedido escreveria as *Memórias de um senhor de engenho*) e seu irmão, Ulysses Freyre. Lê, na capital do estado da Paraíba, conferência publicada no mesmo ano: Apologia pro generatione sua (incluída no livro *Região e tradição*).

1925 Encarregado pela direção do *Diário de Pernambuco*, organiza o livro comemorativo do primeiro centenário de fundação do referido jornal, *Livro do Nordeste*, onde foi publicado pela primeira vez o poema modernista de Manuel Bandeira "Evocação do Recife", escrito a seu pedido (ver referências no capítulo sobre Manuel Bandeira no livro *Perfil de Euclides e outros perfis*). O *Livro do Nordeste* consagra, também, o até então desconhecido pintor Manuel Bandeira e publica desenhos modernistas de Joaquim Cardoso e Joaquim do Rego Monteiro. Lê na Biblioteca Pública do Estado de Pernambuco uma conferência sobre D. Pedro II, publicada no ano seguinte.

1926 Conhece a Bahia e o Rio de Janeiro, onde faz amizade com o poeta Manuel Bandeira, os escritores Prudente de Morais Neto (Pedro Dantas), Rodrigo M. F. de Andrade, Sérgio Buarque de Holanda, o compositor Villas-Lobos e o mecenas Paulo Prado. Por intermédio de Prudente, conhece Pixinguinha, Donga e Patrício e se inicia na nova música popular brasileira em noitadas boêmias. Escreve um extenso poema, modernista ou imagista e ao mesmo tempo regionalista e tradicionalista, do qual Manuel Bandeira dirá depois que é um dos mais saborosos do ciclo das cidades brasileiras: "Bahia de todos os santos e de quase todos os pecados" (publicado no Recife, no mesmo ano, em edição da *Revista do Norte*, reeditado em 20 de junho de 1942, na revista *O Cruzeiro* e incluído no livro *Talvez poesia*). Segue para os Estados Unidos como delegado do *Diário de Pernambuco*, ao Congresso Panamericano de Jornalistas. Convidado para redator-chefe do mesmo jornal e para oficial de gabinete do governador eleito de Pernambuco, então vice-presidente da República. Colabora (artigos humorísticos) na *Revista do Brasil* com o pseudônimo de J. J. Gomes Sampaio. Publica-

-se no Recife a conferência lida, no ano anterior, na Biblioteca Pública do Estado de Pernambuco: A propósito de Dom Pedro II (edição da *Revista do Norte*, incluída, em 1944, no livro *Perfil de Euclides e outros perfis*). Promove no Recife o 1º Congresso Brasileiro de Regionalismo.

1927 Assume o cargo de oficial de gabinete do novo governador de Pernambuco, Estácio de Albuquerque Coimbra, casado com a prima de Alfredo Freyre, Joana Castelo Branco de Albuquerque Coimbra. Conhece Mário de Andrade no Recife e proporciona-lhe um passeio de lancha no rio Capibaribe.

1928 Dirige, a pedido de Estácio Coimbra, o jornal *A Província*, onde passam a colaborar os novos escritores do Brasil. Publica no mesmo jornal artigos e caricaturas com diferentes pseudônimos: Esmeraldino Olímpio, Antônio Ricardo, Le Moine, J. Rialto e outros. Lê Proust e Gide. Nomeado pelo governador Estácio Coimbra, por indicação do diretor A. Carneiro Leão, torna-se professor da Escola Normal do Estado de Pernambuco: primeira cadeira de Sociologia que se estabelece no Brasil com moderna orientação antropológica e pesquisas de campo.

1930 Acompanhando Estácio Coimbra ao exílio, visita novamente a Bahia, conhece parte do continente africano (Dacar, Senegal) e inicia, em Lisboa, as pesquisas e os estudos em que se basearia *Casa-grande & senzala* ("Em outubro de 1930 ocorreu-me a aventura do exílio. Levou-me primeiro à Bahia; depois a Portugal, com escala pela África. O tipo de viagem ideal para os estudos e as preocupações que este ensaio reflete", como escreverá no prefácio do mesmo livro).

1931 A convite da Universidade de Stanford, segue para os Estados Unidos, como professor extraordinário daquela universidade. Volta, no fim do ano, para a Europa, permanecendo algum tempo na Alemanha, em novos contatos com seus museus de antropologia, de onde regressa ao Brasil.

1932 Continua, no Rio de Janeiro, as pesquisas para a elaboração de *Casa-grande & senzala* em bibliotecas e arquivos. Recusando convites para empregos feitos pelos membros do novo governo brasileiro – um deles José Américo de Almeida –, vive, então, com grandes dificuldades financeiras, hospedando-se em casas de amigos e em pensões baratas do Distrito Federal. Estimulado pelo seu amigo Rodrigo M. F. de Andrade, contrata com o poeta Augusto Frederico Schmidt – então editor – a publicação do livro por 500 mil-réis mensais, que recebe com irregularidades constantes. Regressa ao Recife, onde continua a escrever *Casa-grande & senzala*, na casa do seu irmão, Ulysses Freyre.

1933 Conclui o livro, enviando os originais ao editor Schmidt, que o publica em dezembro.

1934 Aparecem em jornais do Rio de Janeiro os primeiros artigos sobre *Casa-grande & senzala*, escritos por Yan de Almeida Prado, Roquette-Pinto, João Ribeiro e Agrippino Grieco, todos elogiosos. Organiza no Recife o 1º Congresso de Estudos Afro-Brasileiros. Recebe o prêmio da Sociedade Felipe d'Oliveira pela publicação de *Casa-grande & senzala*. Lê na mesma sociedade conferência sobre O escravo nos anúncios de jornal do tempo do Império, publicada na revista *Lanterna Verde* (v. 2, fev. 1935). Regressa ao Recife e lê, no dia 24 de maio, na Faculdade de Direito e a convite de seus estudantes, conferência publicada, no mesmo ano, pela Editora Momento: O estudo das ciências sociais nas universidades americanas. Publica-se no Recife (Oficinas Gráficas The Propagandist, edição de amigos do autor, tiragem de apenas 105 exemplares em papel especial e coloridos a mão por Luís Jardim) o *Guia prático, histórico e sentimental da cidade do Recife*, inaugurando, em todo o mundo, um novo estilo de guia de cidade, ao mesmo tempo lírico e informativo e um dos primeiros livros para bibliófilos publicados no Brasil. Nomeado em dezembro diretor do *Diário de Pernambuco*, cargo que exerceu por apenas quinze dias por causa da proibição, por Assis Chateaubriand, da publicação de uma entrevista de João Alberto Lins de Barros.

1935 A pedido dos alunos da Faculdade de Direito do Recife e por designação do ministro da Educação, inicia na referida escola superior um curso de Sociologia com orientação antropológica e ecológica. Segue, em setembro, para o Rio de Janeiro, onde, a convite de Anísio Teixeira, dirige na Universidade do Distrito Federal o primeiro Curso de Antropologia Social e Cultural da América Latina (ver texto das aulas no livro *Problemas brasileiros de antropologia*). Publica-se no Recife (Edições Mozart) o livro *Artigos de jornal*. Profere, a convite de estudantes paulistas de Direito, no Centro XI de Agosto, da Faculdade de Direito de São Paulo, a conferência Menos doutrina, mais análise, tendo sido saudado pelo estudante Osmar Pimentel.

1936 Publica-se no Rio de Janeiro (Companhia Editora Nacional, v. 64 da Coleção Brasiliana) o livro que é uma continuação da série iniciada com *Casa-grande &*

senzala, Sobrados e mucambos. Viagem à Europa, permanecendo algum tempo na França e em Portugal.

1937 Viaja de novo à Europa, dessa vez como delegado do Brasil ao Congresso de Expansão Portuguesa no Mundo, reunido em Lisboa. Lê conferências nas Universidades de Lisboa, Coimbra e Porto e na de Londres (King's College), publicadas no Rio de Janeiro no ano seguinte. Regressa ao Recife e lê conferência política no Teatro Santa Isabel, a favor da candidatura de José Américo de Almeida à Presidência da República. A convite de Paulo Bittencourt inicia colaboração semanal no *Correio da Manhã*. Publica-se no Rio de Janeiro (José Olympio) o livro *Nordeste* (aspectos da influência da cana sobre a vida e a paisagem do Nordeste do Brasil).

1938 É nomeado membro da Academia Portuguesa de História pelo presidente Oliveira Salazar. Segue para os Estados Unidos como lente extraordinário da Universidade de Colúmbia, onde dirige seminário sobre sociologia e história da escravidão. Publica-se no Rio de Janeiro (Serviço Gráfico do Ministério da Educação e Saúde) o livro *Conferência na Europa*.

1939 Faz primeira viagem ao Rio Grande do Sul. Segue, depois, para os Estados Unidos, como professor extraordinário da Universidade de Michigan. Publica-se no Rio de Janeiro (José Olympio) a primeira edição do livro *Açúcar* e no Recife (edição do autor, para bibliófilos) *Olinda, 2ª guia prático, histórico e sentimental de cidade brasileira*. Publica-se em Nova York (Instituto de las Españas en los Estados Unidos) a obra do historiador Lewis Hanke, *Gilberto Freyre, vida y obra*.

1940 A convite do governo português, lê no Gabinete Português de Leitura do Recife a conferência (publicada no Recife, no mesmo ano, em edição particular) Uma cultura ameaçada: a luso-brasileira. E, em Aracaju, na instalação da 2ª Reunião da Sociedade de Neurologia, Psiquiatria e Higiene Mental do Nordeste, lê conferência publicada no ano seguinte pela mesma sociedade; no dia 29 de outubro, na Biblioteca do Ministério das Relações Exteriores e a convite da Casa do Estudante do Brasil, profere conferência sobre Euclides da Cunha, publicada no ano seguinte; no dia 19 de novembro, na Biblioteca do Estado do Rio Grande do Sul, faz uma conferência por ocasião das comemorações do bicentenário da cidade de Porto Alegre, publicada em 1943. Participa do 3º Congresso Sul-Rio--Grandense de História e Geografia, ao qual apresenta, a pedido do historiador

Dante de Laytano, o trabalho Sugestões para o estudo histórico-social do sobrado no Rio Grande do Sul, publicado no mesmo ano pela Editora Globo e incluído, posteriormente, no livro *Problemas brasileiros de antropologia*. Publica-se em Nova York (Columbia University Press) o opúsculo Some aspects of the social development on Portuguese America, separata da obra coletiva *Concerning Latin American culture*. Publicam-se no Rio de Janeiro (José Olympio) os livros *Um engenheiro francês no Brasil* e *O mundo que o português criou*, com longos prefácios, respectivamente, de Paul Arbousse-Bastide e Antônio Sérgio. Prefacia e anota o *Diário íntimo do engenheiro Vauthier*, publicado no mesmo ano pelo Serviço do Patrimônio Histórico e Artístico Nacional.

1941 Casa-se no Mosteiro de São Bento do Rio de Janeiro com a senhorita Maria Magdalena Guedes Pereira. Viaja ao Uruguai, Argentina e Paraguai. Torna-se colaborador de *La Nación* (Buenos Aires), dos *Diários Associados*, do *Correio da Manhã* e de *A Manhã* (Rio de Janeiro). Prefacia e anota as *Memórias de um Cavalcanti*, do seu parente Félix Cavalcanti de Albuquerque Melo, publicadas pela Companhia Editora Nacional (volume 196 da Coleção Brasiliana). Publica-se no Recife (Sociedade de Neurologia, Psiquiatria e Higiene Mental do Nordeste) a conferência Sociologia, psicologia e psiquiatria, depois ampliada e incluída no livro *Problemas brasileiros de antropologia*, contribuição para uma psiquiatria social brasileira que seria destacada pela Sorbonne ao doutourá-lo H.C. Publica-se no Rio de Janeiro (Casa do Estudante do Brasil) e em Buenos Aires a conferência Atualidade de Euclides da Cunha (incluída, em 1944, no livro *Perfil de Euclides e outros perfis*). Ao ensejo da publicação, no Rio de Janeiro (José Olympio), do livro *Região e tradição*, recebe homenagem de grande número de intelectuais brasileiros, com um almoço no Jóquei Clube, em 26 de junho, do qual foi orador o jornalista Dario de Almeida Magalhães.

1942 É preso no Recife, por ter denunciado, em artigo publicado no Rio de Janeiro, atividades nazistas e racistas no Brasil, inclusive as de um padre alemão a quem foi confiada, pelo governo do estado de Pernambuco, a formação de jovens escoteiros. Com seu pai reage à prisão, quando levado para "a imunda Casa de Detenção do Recife", sendo solto, no dia seguinte, por interferência direta de seu amigo general Góes Monteiro. Recebe convite da Universidade de Yale para ser professor de Filosofia Social, que não pôde aceitar. Profere, no Rio de Janeiro, discurso como padrinho de batismo de avião oferecido pelo jornalista

Assis Chateaubriand ao Aeroclube de Porto Alegre. É eleito para o Conselho Consultivo da American Philosophical Association. É designado pelo Conselho da Faculdade de Filosofia da Universidade de Buenos Aires Adscrito Honorário de Sociologia e eleito membro correspondente da Academia Nacional de História do Equador. Discursa no Rio de Janeiro, em nome do sr. Samuel Ribeiro, doador do avião Taylor à campanha de Assis Chateaubriand. Publica-se em Buenos Aires (Comisión Revisora de Textos de Historia y Geografía Americana) a 1ª edição de *Casa-grande & senzala* em espanhol, com introdução de Ricardo Saenz Hayes. Publicam-se no Rio de Janeiro (José Olympio) o livro *Ingleses* e a 2ª edição de *Guia prático, histórico e sentimental da cidade do Recife*. A Casa do Estudante do Brasil divulga, em 2ª edição, a conferência Uma cultura ameaçada: a luso-brasileira, proferida no Gabinete Português de Leitura do Recife (1940).

1943 Visita a Bahia, a convite dos estudantes de todas as escolas superiores do estado, que lhe prestam excepcionais homenagens, às quais se associa quase toda a população de Salvador. Lê na Faculdade de Medicina da Bahia, a convite da União dos Estudantes Baianos, a conferência Em torno de uma classificação sociológica e no Instituto Histórico da Bahia, por iniciativa da Faculdade de Filosofia do mesmo estado, a conferência A propósito da filosofia social e suas relações com a sociologia histórica (ambas incluídas, com os discursos proferidos nas homenagens recebidas na Bahia, no livro *Na Bahia em 1943*, que teve quase toda a sua tiragem apreendida, nas livrarias do Recife, pela Polícia do Estado de Pernambuco). Recusa, em carta altiva, o convite para ser catedrático de Sociologia da Universidade do Brasil. Inicia colaboração em *O Estado de S. Paulo* em 30 de setembro. Por intermédio do Itamaraty, recebe convite da Universidade de Harvard para ser seu professor, que também recusa. Publicam-se em Buenos Aires (Espasa-Calpe Argentina) as 1ᵃˢ edições, em espanhol, de *Nordeste* e de *Uma cultura ameaçada* e a 2ª, na mesma língua, de *Casa-grande & senzala*. Publicam-se no Rio de Janeiro (Casa do Estudante do Brasil) o livro *Problemas brasileiros de antropologia* e o opúsculo Continente e ilha (conferência lida, em Porto Alegre, no ano de 1940 e incluída na 2ª edição de *Problemas brasileiros de antropologia*). Publica-se também, no Rio de Janeiro (Livros de Portugal), uma edição de *As farpas*, de Ramalho Ortigão e Eça de Queirós, selecionada e prefaciada por ele, bem como a 4ª edição de *Casa-grande & senzala*, livro publicado a partir desse ano pelo editor José Olympio.

1944 Visita Alagoas e Paraíba, a convite de estudantes desses Estados. Lê na Faculdade de Direito de Alagoas conferência sobre Ulysses Pernambucano, publicada no ano seguinte. Deixa de colaborar nos *Diários Associados* e em *La Nación*, em virtude da violação e do extravio constantes de sua correspondência. Em 9 de junho de 1944, comparece à Faculdade de Direito do Recife, a convite dos alunos dessa escola, para uma manifestação de regozijo em face da invasão da Europa pelos Exércitos Aliados. Lê em Fortaleza a conferência Precisa-se do Ceará. Segue para os Estados Unidos, onde profere, na Universidade do Estado de Indiana, seis conferências promovidas pela Fundação Patten e publicadas no ano seguinte, em Nova York, no livro *Brazil:* an interpretation. Publicam-se no Rio de Janeiro os livros *Perfil de Euclides e outros perfis* (José Olympio), *Na Bahia em 1943* (edição particular) e a 2ª edição do guia *Olinda*. A Casa do Estudante do Brasil publica, no Rio de Janeiro, o livro *Gilberto Freyre*, de Diogo Melo Menezes, com prefácio consagrador de Monteiro Lobato.

1945 Toma parte ativa, ao lado dos estudantes do Recife, na campanha pela candidatura do brigadeiro Eduardo Gomes à Presidência da República. Fala em comícios, escreve artigos, anima os estudantes na luta contra a ditadura. No dia 3 de março, por ocasião do primeiro comício daquela campanha no Recife, começa a discursar, na sacada da redação do *Diário de Pernambuco*, quando tomba a seu lado, assassinado pela Polícia Civil do Estado, o estudante de Direito Demócrito de Sousa Filho. A UDN oferece, em sua representação na futura Assembleia Nacional Constituinte, um lugar aos estudantes do Recife, que preferem que seu representante seja o bravo escritor. A Polícia Civil do Estado de Pernambuco empastela e proíbe a circulação do *Diário de Pernambuco*, impedindo-o de noticiar a chacina em que morreram o estudante Demócrito e um popular. Com o jornal fechado, o retrato de Demócrito é inaugurado na redação, com memorável discurso de Gilberto Freyre: Quiseram matar o dia seguinte (cf. *Diário de Pernambuco*, 10 de abril de 1945). Em 9 de junho, comparece à Faculdade de Direito do Recife, como orador oficial da sessão contra a ditadura. Publicam-se no Recife (União dos Estudantes de Pernambuco) o opúsculo de sua autoria em apoio à candidatura de Eduardo Gomes: *Uma campanha maior do que a da abolição* e a conferência lida, no ano anterior, em Maceió: Ulysses. Publica-se em Fortaleza (edição do autor) a obra *Gilberto Freyre e alguns aspectos da antropossociologia no Brasil*, de autoria do médico Aderbal Sales. Publica-se em Nova York

(Knopf) o livro *Brazil:* an interpretation. A Editora mexicana Fondo de Cultura Económica publica *Interpretación del Brasil*, com orelhas escritas por Alfonso Reyes.

1946 Eleito deputado federal, segue para o Rio de Janeiro, a fim de participar nos trabalhos da Assembleia Constituinte. Em 17 de junho, profere discurso de críticas e sugestões ao projeto da Constituição, publicado em opúsculo: Discurso pronunciado na Assembleia Nacional Constituinte (incluído na 2ª edição do livro *Quase política*). Em 22 de junho lê no Teatro Municipal de São Paulo, a convite do Centro Acadêmico XI de Agosto, conferência publicada no mesmo ano pela referida organização estudantil Modernidade e modernismo na arte política (incluída, em 1965, no livro *6 conferências em busca de um leitor*). Em 16 de julho, na Faculdade de Direito de Belo Horizonte, a convite de seus alunos, apresenta conferência publicada no mesmo ano: Ordem, liberdade, mineiralidade (incluída em 1965, no livro *6 conferências em busca de um leitor*). Em agosto inicia colaboração no *Diário Carioca*. Em 29 de agosto profere na Assembleia Constituinte outro discurso de crítica ao projeto da Constituição (incluído na 2ª edição do livro *Quase política*). Em novembro, a Comissão de Educação e Cultura da Câmara dos Deputados indica, com aplauso do escritor Jorge Amado, membro da Comissão, o nome de Gilberto Freyre para o Prêmio Nobel de Literatura de 1947, com o apoio de numerosos intelectuais brasileiros. Publica-se no Rio de Janeiro a 5ª edição de *Casa-grande & senzala* e em Nova York (Knopf) a edição do mesmo livro em inglês, *The masters and the slaves*.

1947 Apresenta à Mesa da Câmara dos Deputados, para ser dado como lido, discurso sobre o centenário de nascimento de Joaquim Nabuco, publicado no ano seguinte. Em 22 de maio, lê no auditório da Associação Brasileira de Imprensa, a convite da Sociedade dos Amigos da América, conferência sobre Walt Whitman, publicada no ano seguinte. Trabalha ativamente na Comissão de Educação e Cultura da Câmara dos Deputados. É convidado para representar o Brasil no 19º Congresso dos Pen Clubes Mundiais, reunido em Zurique. Publica-se em Londres a edição inglesa de *The masters and the slaves*, em Nova York, a 2ª impressão de *Brazil:* an interpretation e no Rio de Janeiro, a edição brasileira deste livro, em tradução de Olívio Montenegro: *Interpretação do Brasil* (José Olympio). Publica-se em Montevidéu a obra *Gilberto Freyre y la sociología brasileña*, de Eduardo J. Couture.

1948 A convite da Unesco, toma parte, em Paris, no conclave de oito notáveis cientistas e pensadores sociais (Gurvitch, Allport e Sullivan, entre eles), reunidos pela referida Organização das Nações Unidas por iniciativa do então diretor Julian Huxley para estudar as Tensões que afetam a compreensão internacional, trabalho em conjunto depois publicado em inglês e francês. Lê, no Ministério das Relações Exteriores, a convite do Instituto Brasileiro de Educação, Ciência e Cultura (Comissão Nacional da Unesco), conferência sobre o conclave de Paris. Repete na Escola de Comando do Estado-Maior do Exército a conferência lida no Ministério das Relações Exteriores. Inicia em 18 de setembro sua colaboração em *O Cruzeiro*. Em dezembro, profere na Câmara dos Deputados discurso justificando a criação do Instituto Joaquim Nabuco de Pesquisas Sociais, com sede no Recife (incluído na 2ª edição do livro *Quase política*). Lê no Museu de Arte de São Paulo duas conferências: uma sobre Emílio Cardoso Ayres e outra sobre d. Veridiana Prado. Apresenta mais uma conferência na Escola de Comando do Estado-Maior do Exército. Publicam-se no Rio de Janeiro (José Olympio) o livro *Ingleses no Brasil* e os opúsculos O camarada Whitman (incluído, em 1965, no livro *6 conferências em busca de um leitor*), Joaquim Nabuco (incluído, em 1966, na 2ª edição do livro *Quase política*) e *Guerra, paz e ciência* (este editado pelo Ministério das Relações Exteriores). Inicia sua colaboração no *Diário de Notícias*.

1949 Segue para os Estados Unidos, a fim de participar, na categoria de ministro, como delegado parlamentar do Brasil, na 4ª Conferência Internacional da Organização das Nações Unidas. Lê conferências na Universidade Católica da América (Washington, D.C.) e na Universidade de Virgínia. Profere, em 12 de abril, na Associação de Cultura Franco-Brasileira do Recife, conferência sobre Emílio Cardoso Ayres (apenas pequeno trecho foi publicado no *Bulletin* da Associação). Em 18 de agosto, apresenta na Faculdade de Direito do Recife conferência sobre Joaquim Nabuco, na sessão comemorativa do centenário de nascimento do estadista pernambucano (incluída no livro *Quase política*). Em 30 de agosto, profere na Câmara dos Deputados discurso de saudação ao Visconde Jowitt, presidente da Câmara dos Lordes do Reino Unido da Grã--Bretanha e Irlanda do Norte (incluído em *Quase política*). No mesmo dia, lê, no Instituto Histórico e Geográfico Brasileiro, conferência sobre Joaquim Nabuco. Publica-se, no Rio de Janeiro (José Olympio), a conferência apresentada no ano anterior, na Escola de Comando do Estado-Maior do Exército: Nação e Exército (incluída, em 1965, no livro *6 conferências em busca de um leitor*).

1950 Profere na Câmara dos Deputados, em 17 de janeiro, discurso sobre o pernambucano Joaquim Arcoverde, primeiro cardeal da América Latina, por ocasião da passagem do primeiro centenário de seu nascimento (incluído em *Quase política*). Apresenta na Câmara dos Deputados, em 5 de abril, discurso sobre o centenário de nascimento de José Vicente Meira de Vasconcelos, constituinte de 1891 (incluído em *Quase política*). Profere na Câmara dos Deputados, em 28 de abril, discurso de definição de atitude na vida pública (incluído em *Quase política*). Discursa na Câmara dos Deputados, em 2 de maio, sobre o centenário da morte de Bernardo Pereira de Vasconcelos (incluído em *Quase política*). Profere na Câmara dos Deputados, em 2 de junho, discurso contrário à emenda parlamentarista (incluído em *Quase política*). Apresenta na Câmara dos Deputados, em 26 de junho, discurso no qual transmite apelo que recebeu de três parlamentares ingleses, em favor de um governo supranacional (incluído em *Quase política*). Discursa na Câmara dos Deputados, em 8 de agosto, sobre o centenário de nascimento de José Mariano (incluído em *Quase política*). Profere no Parque 13 de Maio, do Recife, discurso em favor da candidatura do deputado João Cleofas de Oliveira ao governo do estado de Pernambuco (incluído na 2ª edição de *Quase política*). Em 11 de setembro inicia colaboração diária no *Jornal Pequeno*, do Recife, sob o título Linha de fogo, em prol da candidatura João Cleofas ao governo do estado de Pernambuco. Profere, em 8 de novembro, na Câmara dos Deputados, discurso de despedida por não ter sido reeleito para o período seguinte (incluído na 2ª edição de *Quase política*). Publica-se em Urbana (University of Illinois Press) a obra coletiva *Tensions that cause wars*, em Paris, em 1948. Contribuição de Gilberto Freyre: Internationalizing social sciences. Publicam-se no Rio de Janeiro (José Olympio) a 1ª edição do livro *Quase política* e a 6ª de *Casa-grande & senzala*.

1951 Publicam-se no Rio de Janeiro (José Olympio) a seguinte edição de *Nordeste* e de *Sobrados e mucambos* (esta refundida e acrescida de cinco novos capítulos). A convite da Universidade de Londres, escreve, em inglês, estudo sobre a situação do professor no Brasil, publicado, no mesmo ano, pelo *Year book of education*. Publica-se em Lisboa (Livros do Brasil) a edição portuguesa de *Interpretação do Brasil*.

1952 Lê, na sala dos capelos da Universidade de Coimbra, em 24 de janeiro, conferência publicada, no mesmo ano, pela Coimbra Editora: Em torno de um novo conceito de tropicalismo. Publica-se em Ipswich (Inglaterra) o opúsculo editado pela revista *Progress* de Londres com o ensaio: Human factors behind Brazilian development. Publica-se no Recife (Edições Região) o *Manifesto regionalista de 1926*. Publicam-se no Rio de Janeiro (Serviço de Documentação do Ministério da Educação e Cultura) o opúsculo *José de Alencar* (José Olympio) e a 7ª edição de *Casa-grande & senzala* em francês, organizada pelo professor Roger Bastide, com prefácio de Lucien Fèbvre: *Maîtres et esclaves* (volume 4 da Coleção La Croix du Sud, dirigida por Roger Caillois). Viaja a Portugal e às províncias ultramarinas. Em 16 de abril, inicia colaboração no *Diário Popular* de Lisboa e no *Jornal do Comércio* do Recife.

1953 Publicam-se no Rio de Janeiro (José Olympio) os livros *Aventura e rotina* (escritos durante a viagem a Portugal e às províncias luso-asiáticas, "à procura das constantes portuguesas de caráter e ação") e *Um brasileiro em terras portuguesas* (contendo conferências e discursos proferidos em Portugal e nas províncias ultramarinas, com extensa "Introdução a uma possível luso-tropicologia").

1954 Escolhido pela Comissão das Nações Unidas para o estudo da situação racial na união sul-africana, como o antropólogo estrangeiro mais capacitado a opinar sobre essa situação, visita o referido país e apresenta à Assembleia Geral da ONU um estudo publicado pela organização nessa nação em: *Elimination des conflits et tensions entre les races*. Publica-se no Rio de Janeiro a 8ª edição de *Casa-grande & senzala*; no Recife (Edições Nordeste), o opúsculo Um estudo do prof. Aderbal Jurema e, em Milão (Fratelli Bocca), a 1ª edição, em italiano, de *Interpretazione del Brasile*. Em agosto é encenada no Teatro Santa Isabel a dramatização de *Casa-grande & senzala*, feita por José Carlos Cavalcanti Borges. O professor Moacir Borges de Albuquerque defende, em concurso para provimento efetivo de uma das cadeiras de português do Instituto de Educação de Pernambuco, tese sobre *Linguagem de Gilberto Freyre*.

1955 Lê, na sessão inaugural do 4º Congresso Brasileiro de Neurologia, Psiquiatria e Higiene Mental, conferência sobre Aspectos da moderna convergência médico-social e antropocultural (incluída na 2ª edição de *Problemas brasileiros de antropologia*). Em 15 de maio profere no encerramento do curso de treinamento de professores rurais de Pernambuco discurso publicado no ano seguinte. Comparece, como um dos quatro conferencistas principais (os outros foram o alemão Von Wreie, o inglês Ginsberg e o francês Davy) e na alta categoria de convidado especial, ao 3º Congresso Mundial de Sociologia, realizado em Amsterdã, no qual apresenta a comunicação, publicada em Louvain, no mesmo ano, pela Associação Internacional de Sociologia: *Morals and social change*. Para discutir *Casa-grande & senzala* e outras obras, ideias e métodos de Gilberto Freyre, reúnem-se em Cerisy-LaSalle os escritores e professores M. Simon, R. Bastide, G. Gurvitch, Leon Bourdon, Henri Gouhier, Jean Duvignaud, Tavares Bastos, Clara Mauraux, Nicolas Sombart e Mário Pinto de Andrade: talvez a maior homenagem já prestada na Europa a um intelectual brasileiro; os demais seminários de Cerisy foram dedicados a filósofos da história, como Toynbee e Heidegger. Publicam-se no Recife (Secretaria de Educação e Cultura) os opúsculos Sugestões para uma nova política no Brasil: a rurbana (incluído, em 1966, na 2ª edição de *Quase política*) e Em torno da situação do professor no Brasil; em Nova York (Knopf) a 2ª edição de *Casa-grande & senzala*, em inglês: *The masters and the slaves*, e em Paris (Gallimard) a 1ª edição de *Nordeste* em francês: *Terres du sucre* (volume 14 da Coleção La Croix du Sud, dirigida por Roger Caillois).

1957 Lê, em 4 de agosto, na Escola de Belas Artes da Universidade Federal de Pernambuco, em solenidade comemorativa do 25º aniversário de fundação daquela instituição, conferência publicada no mesmo ano: Arte, ciência social e sociedade. Dirige, em outubro, curso sobre Sociologia da Arte na mesma escola. Colabora novamente no *Diário Popular* de Lisboa, atendendo a insistentes convites do seu diretor, Francisco da Cunha Leão. Publicam-se no Recife os opúsculos Palavras às professoras rurais do Nordeste (Secretaria de Educação e Cultura do Estado de Pernambuco) e Importância para o Brasil dos institutos de pesquisa científica (Instituto Joaquim Nabuco de Pesquisas Sociais); no Rio de Janeiro (José Olympio), a 2ª edição de *Sociologia*; no México (Editorial Cultural), o opúsculo A experiência portuguesa no trópico americano; em Lisboa (Livros do Brasil), a 1ª edição portuguesa de *Casa-grande & senzala* e a obra *Gilberto Freyre's "lusotropicalism"*, de autoria de Paul V. Shaw (Centro de Estudos Políticos Sociais da Junta de Investigações do Ultramar).

1958 Lê, no Fórum Roberto Simonsen, conferência publicada no mesmo ano pelo Centro e Federação das Indústrias do Estado de São Paulo: Sugestões em torno de uma nova orientação para as relações intranacionais no Brasil. Publicam-se em Lisboa (Centro de Estudos Políticos e Sociais da Junta de Investigações do

Ultramar) o livro, com texto em português e inglês, *Integração portuguesa nos trópicos/Portuguese integration in the tropics*, e no Rio de Janeiro (José Olympio), a 9ª edição brasileira de *Casa-grande & senzala*.

1959 Lê, em abril, conferências no Instituto Joaquim Nabuco de Pesquisas Sociais, iniciando e concluindo cursos de Ciências Sociais promovidos pelo referido órgão. Em julho, apresenta na Faculdade de Direito da Universidade Federal de Minas Gerais conferência publicada pela mesma universidade, no ano seguinte. Publicam-se em Nova York (Knopf) *New world in the tropics*, cujo texto contém, grandemente expandido e praticamente reescrito, o livro (publicado em 1945 pelo mesmo editor) *Brazil:* an interpretation; na Guatemala (Editorial de Ministério de Educación Pública José de Pineda Ibarra), o opúsculo Em torno a algunas tendencias actuales de la antropología; no Recife (Arquivo Público do Estado de Pernambuco), o opúsculo A propósito de Mourão, Rosa e Pimenta: sugestões em torno de uma possível hispano-tropicalologia; no Rio de Janeiro (José Olympio), a 1ª edição do livro *Ordem e progresso* (terceiro volume da Série Introdução à história patriarcal no Brasil, iniciada com *Casa-grande & senzala*, continuada com *Sobrados e mucambos* e finalizada com *Jazigos e covas rasas*, livro nunca concluído) e *O velho Félix e suas memórias de um Cavalcanti* (2ª edição, ampliada, da introdução ao livro *Memórias de um Cavalcanti*, publicado em 1940); em Salvador (Universidade da Bahia), o livro *A propósito de frades* e o opúsculo Em torno de alguns túmulos afrocristãos de uma área africana contagiada pela cultura brasileira; e em São Paulo (Instituto Brasileiro de Filosofia), o ensaio A filosofia da história do Brasil na obra de Gilberto Freyre, de autoria de Miguel Reale.

1960 Viaja pela Europa, nos meses de agosto e setembro, lendo conferências em universidades francesas, alemãs, italianas e portuguesas. Publicam-se em Lisboa (Livros do Brasil) o livro *Brasis, Brasil e Brasília*; em Belo Horizonte (edições da *Revista Brasileira de Estudos Políticos*), a conferência Uma política transnacional de cultura para o Brasil de hoje; no Recife (Imprensa Universitária), o opúsculo Sugestões em torno do Museu de Antropologia do Instituto Joaquim Nabuco de Pesquisas Sociais, e no Rio de Janeiro (José Olympio), a 3ª edição do livro *Olinda*.

1961 Em 24 de fevereiro recebe em sua casa de Apipucos a visita do escritor norte--americano Arthur Schlesinger Junior, assessor e enviado especial do presidente

John F. Kennedy. Em 20 de abril profere na Faculdade de Medicina da Universidade Federal de Pernambuco uma conferência sobre Homem, cultura e trópico, iniciando as atividades do Instituto de Antropologia Tropical, criado naquela faculdade por sugestão sua. Em 25 de abril é filmado e entrevistado em sua residência pela equipe de televisão e cinema do Columbia Broadcasting System. Em junho viaja aos Estados Unidos, onde faz conferência no Conselho Americano de Sociedades Científicas, no Centro de Corning, no Centro de Estudos de Santa Bárbara e nas Universidades de Princeton e Colúmbia. De volta ao Brasil, recebe, em agosto, a pedido da Comissão Educacional dos Estados Unidos da América no Brasil (Comissão Fulbright), para uma palestra informal sobre problemas brasileiros, os professores norte-americanos que participam do II Seminário de Verão promovido pela referida comissão. Em outubro, lê, no Instituto Joaquim Nabuco de Pesquisas Sociais, quatro conferências sobre sociologia da vida rural. Ainda em outubro e a convite dos corpos docente e discente da Escola de Engenharia da Universidade Federal de Pernambuco, lê na mesma escola três conferências sobre Três engenharias inter-relacionadas: a física, a social e a chamada humana. Viaja a São Paulo e lê, em 27 de outubro, no auditório da Academia Paulista de Letras, sob os auspícios do Instituto Hans Staden, conferência intitulada Como e porque sou sociólogo. Em 1º de novembro, apresenta no auditório da ABI e sob os auspícios do Instituto Cultural Brasil-Alemanha conferências sobre Harmonias e desarmonias na formação brasileira. Em dezembro, segue para a Europa, permanecendo três semanas na Alemanha Ocidental, para participar, como representante do Brasil, no encontro germano-hispânico de sociólogos. Publicam-se em Tóquio (Ministério da Agricultura do Japão, série de Guias para os emigrantes em países estrangeiros), a edição japonesa de *New world in the tropics*: Atsuitai no sin sekai; em Lisboa (Comissão Executiva das Comemorações do V Centenário da Morte do Infante D. Henrique) – em português, francês e inglês –, o livro *O luso e trópico*: les Portugais et les tropiques e *The portuguese and the tropics* (edições separadas); no Recife (Imprensa Universitária), a obra *Sugestões de um novo contato com universidades europeias*; no Rio de Janeiro (José Olympio), a 3ª edição brasileira de *Sobrados e mucambos* e a 10ª edição brasileira (11ª em língua portuguesa) de *Casa-grande & senzala*.

1962 Em fevereiro, a Escola de Samba de Mangueira desfila, no Carnaval do Rio de Janeiro, com enredo inspirado em *Casa-grande & senzala*. Em março é eleito presidente do Comitê de Pernambuco do Congresso Internacional para a Liberdade da Cultura. Em 10 de junho, lê, no Gabinete Português de Leitura do Rio de Janeiro, a convite da Federação das Associações Portuguesas do Brasil, conferência publicada, no mesmo ano, pela referida entidade: *O Brasil em face das Áfricas negras e mestiças*. Em agosto reúne-se em Porto Alegre o 1º Colóquio de Estudos Teuto-Brasileiros, organizado por sugestão sua. Ainda em agosto é admitido pelo Presidente da República como Comandante do Corpo de Graduação da Ordem do Mérito Militar. Por iniciativa do Banco Interamericano de Desenvolvimento, o professor Leopoldo Castedo profere em Washington, D.C., no curso Panorama da Civilização Ibero-Americana, conferência sobre La valorización del tropicalismo en Freyre. Em outubro, torna-se editor-associado do *Journal of Interamerican Studies*. Em novembro, dirige na Faculdade de Letras da Universidade de Coimbra um curso de seis lições sobre Sociologia da História. Ainda na Europa, lê conferências em universidades da França, da Alemanha Ocidental e da Espanha. Em 19 de novembro recebe o grau de doutor *honoris causa* pela Faculdade de Letras de Coimbra. Publicam-se no Rio de Janeiro (José Olympio) os livros *Talvez poesia* e *Vida, forma e cor*, a 2ª edição de *Ordem e progresso* e a 3ª de *Sociologia*; em São Paulo (Livraria Martins Editora), o livro *Arte, ciência e trópico*; em Lisboa (Livros do Brasil), as edições portuguesas de *Aventura e rotina* e de *Um brasileiro em terras portuguesas*; no Rio de Janeiro (José Olympio), a obra coletiva *Gilberto Freyre: sua ciência, sua filosofia, sua arte* (ensaios sobre o autor de *Casa-grande & senzala* e sua influência na moderna cultura do Brasil, comemorativos do vigésimo quinto aniversário de publicação desse livro).

1963 Em 10 de junho, inaugura-se no Teatro Santa Isabel do Recife uma exposição sobre *Casa-grande & senzala*, organizada pelo colecionador Abelardo Rodrigues. Em 20 de agosto, o governo de Pernambuco promulga a Lei Estadual nº 4.666, de iniciativa do deputado Paulo Rangel Moreira, que autoriza a edição popular, pelo mesmo estado, de *Casa-grande & senzala*. Publicam-se em *The American Scholar*, Chapel Hill (United Chapters of Phi Beta Kappa e University of North Caroline), o ensaio On the Iberian concept of time; em Nova York (Knopf), a edição de *Sobrados e mucambos* em inglês, com introdução de Frank Tannenbaum: *The mansions and the shanties (the making of modern Brazil)*; em Washington, D.C. (Pan American Union), o livro *Brazil*; em Lisboa, a 2ª edição do opúsculo Americanism and latinity America (em inglês e francês); em Brasília (Editora

Universidade de Brasília), a 12ª edição brasileira de *Casa-grande & senzala* (13ª edição em língua portuguesa) e no Recife (Imprensa Universitária), o livro *O escravo nos anúncios de jornais brasileiros do século XIX* (reedição muito ampliada da conferência lida, em 1935, na Sociedade Felipe d'Oliveira). O professor Thomas John O'Halloran apresenta à Graduate School of Arts and Science, da New York University, dissertação sobre *The life and master writings of Gilberto Freyre*. As Editoras A. A. Knopf e Random House publicam em Nova York a 2ª edição (como livro de bolso) de *New world in the tropics*.

1964 A convite do governo do estado de Pernambuco, lê na Escola Normal do mesmo estado, em 13 de maio, conferência como orador oficial da solenidade comemorativa do centenário de fundação daquela Escola. Recebe em Natal, em julho, as homenagens da Fundação José Augusto pelo trigésimo aniversário da publicação de *Casa-grande & senzala*. Recebe, em setembro, o Prêmio Moinho Santista para Ciências Sociais. Viaja aos Estados Unidos e participa, em dezembro, como conferencista convidado, do seminário latino-americano promovido pela Universidade de Colúmbia. Publicam-se em Nova York (Knopf) uma edição abreviada (*paperback*) de *The masters and the slaves*; em Madri (separata da *Revista de la Universidad de Madrid*) o opúsculo De lo regional a lo universal en la interpretación de los complejos socioculturales; no Recife (Instituto Joaquim Nabuco de Pesquisas Sociais), em tradução de Waldemar Valente, a tese universitária de 1922, *Vida social no Brasil nos meados do século XIX* e o opúsculo (Imprensa Universitária) O estado de Pernambuco e expressão no poder nacional: aspectos de um assunto complexo; no Rio de Janeiro (José Olympio), a seminovela *Dona Sinhá e o filho padre*, o livro *Retalhos de jornais velhos* (2ª edição, consideravelmente ampliada, de *Artigos de jornal*), o opúsculo A Amazônia brasileira e uma possível luso-tropicologia (Superintendência do Plano de Valorização Econômica da Amazônia) e a 11ª edição brasileira de *Casa-grande & senzala*. Recusa convite do presidente Castelo Branco para ser ministro da Educação e Cultura.

1965 Viaja a Campina Grande, onde lê, em 15 de março, na Faculdade de Ciências Econômicas, a conferência (publicada no mesmo ano pela Universidade Federal da Paraíba) *Como e por que sou escritor*. Participa no Simpósio sobre Problemática da Universidade Federal de Pernambuco (março/abril), com uma conferência sobre a conveniência da introdução na mesma universidade, de "Um novo tipo de seminário (Tannenbaum)". Viaja ao Rio de Janeiro, onde recebe, em cerimônia realizada no auditório de *O Globo*, diploma com o qual o referido jornal homenageou, no seu quadragésimo aniversário, a vida e a obra dos Notáveis do Brasil: brasileiros vivos que, "por seu talento e capacidade de trabalho de todas as formas invulgares, tenham tido uma decisiva participação nos rumos da vida brasileira, ao longo dos quarenta anos conjuntamente vividos". Em 9 de novembro, gradua-se, *in absentia*, doutor pela Universidade de Paris (Sorbonne), em solenidade na qual também foram homenageados outros sábios de categoria internacional, em diferentes campos do saber, sendo a consagração por obra que vinha abrindo "novos caminhos à filosofia e às ciências do homem". A consagração cultural pela Sorbonne juntou-se à recebida das Universidades da Colúmbia e de Coimbra e às quais se somaram as de Sussex (Inglaterra) e Münster (Alemanha), em solenidade prestigiada por nove magníficos reitores alemães. Publicam-se em Berlim (Kiepenheur & Witsch) a 1ª edição de *Casa-grande & senzala* em alemão: *Herrenhaus und Sklavenhütte* (*Ein Bild der Brasilianischen Gesellschaft*); no Recife (Imprensa Oficial do Estado de Pernambuco), o opúsculo Forças Armadas e outras forças, e no Rio de Janeiro (José Olympio), o livro *6 conferências em busca de um leitor*.

1966 Viaja ao Distrito Federal, a convite da Universidade de Brasília, onde lê, em agosto, seis conferências sobre Futurologia, assunto que foi o primeiro a desenvolver no Brasil. Por solicitação das Nações Unidas, apresenta ao United Nations Human Rights Seminar on Apartheid (realizado em Brasília, de 23 de agosto a 5 de setembro) um trabalho de base sobre Race mixture and cultural interpenetration: the Brazilian example, distribuído na mesma ocasião em inglês, francês, espanhol e russo. Por sugestão sua, inicia-se na Universidade Federal de Pernambuco o Seminário de Tropicologia, de caráter interdisciplinar e inspirado pelo seminário do mesmo tipo, iniciado na Universidade de Colúmbia pelo professor Frank Tannenbaum. Publicam-se em Barnet, Inglaterra, *The racial factor in contemporary politics*; no Recife (governo do estado de Pernambuco), o primeiro tomo da 14ª edição brasileira (15ª em língua portuguesa) de *Casa-grande & senzala* (edição popular, para ser comercializada a preços acessíveis, de acordo com a Lei Estadual nº 4.666, de 20 de agosto de 1963); e no Rio de Janeiro (José Olympio), a 13ª edição do mesmo livro.

1967 Em 30 de janeiro, lançamento solene, no Palácio do Governo do Estado de Pernambuco, do primeiro volume da edição popular de *Casa-grande & senzala*.

Em julho, viaja aos Estados Unidos, para receber, no Instituto Aspen de Estudos Humanísticos, o Prêmio Aspen do ano (30 mil dólares e isento de imposto sobre a renda) "pelo que há de original, excepcional e de valor permanente em sua obra ao mesmo tempo de filósofo, escritor literário e antropólogo". Recebe o Nobel dos Estados Unidos na presença de embaixador, enviado especial do presidente Lyndon B. Johnson, que se congratula com Gilberto Freyre pela honraria na qual o autor foi precedido por apenas três notabilidades internacionais: o compositor Benjamin Britten, a dançarina Martha Graham e o urbanista Constantino Doxiadis por obras reveladoras de "criatividade genial". Em dezembro, lê na Academia Brasileira de Letras, no Instituto Histórico e Geográfico Brasileiro e no Instituto Joaquim Nabuco de Pesquisas Sociais, conferências sobre Oliveira Lima, em sessões solenes comemorativas do centenário de nascimento daquele historiador (ampliadas no livro *Oliveira Lima, Dom Quixote gordo*). Publicam-se em Lisboa (Fundação Calouste Gulbenkian) o livro *Sociologia da medicina*; em Nova York (Knopf), a tradução da "seminovela" *Dona Sinhá e o filho padre*: *Mother and son*, a Brazilian tale; no Recife (Instituto Joaquim Nabuco de Pesquisas Sociais), a 2ª edição de *Mucambos do Nordeste* e a 3ª edição do *Manifesto Regionalista de 1926*; em São Paulo (Arquimedes Edições), o livro *O Recife, sim! Recife não!*, e no Rio de Janeiro (José Olympio), a 4ª edição de *Sociologia*.

1968 Em 9 de janeiro, lê, no Palácio do Governo do Estado de Pernambuco, a primeira da série de conferências promovidas pelo governador do estado para comemorar o centenário de nascimento de Oliveira Lima (incluída no livro *Oliveira Lima, Dom Quixote gordo*, publicado no mesmo ano pela Imprensa da Universidade de Recife). Viaja à Argentina onde faz conferência sobre Oliveira Lima na Universidade do Rosário, e à Alemanha Ocidental, onde recebe o título de Doutor *Honoris Causa* pela Universidade de Münster por sua obra comparada à de Balzac. Publicam-se em Lisboa (Academia Internacional da Cultura Portuguesa) o livro em dois volumes, *Contribuição para uma sociologia da biografia (o exemplo de Luís de Albuquerque, governador de Mato Grosso no fim do século XVII)*; no Distrito Federal (Editora Universidade de Brasília), o livro *Como e porque sou e não sou sociólogo*, e no Rio de Janeiro (Record), as 2ªs edições dos livros *Região e tradição e Brasis, Brasil e Brasília*. Ainda no Rio de Janeiro, publicam-se (José Olympio) as 4ªs edições dos livros *Guia prático, histórico e sentimental da cidade do Recife* e *Olinda, 2º guia prático, histórico e sentimental de cidade brasileira*.

1969 Recebe o Prêmio Internacional de Literatura La Madonnina por "incomparável agudeza na descrição de problemas sociais, conferindo-lhes calor humano e otimismo, bondade e sabedoria", através de uma obra de "fulgurações geniais". Lê conferência, no Conselho Federal de Cultura, em sessão dedicada à memória de Rodrigo M. F. de Andrade. A Universidade Federal de Pernambuco lança os dois primeiros volumes do seminário de Tropicologia, relativos ao ano de 1966: *Trópico & colonização, nutrição, homem, religião, desenvolvimento, educação e cultura, trabalho e lazer, culinária, população*. Lê no Instituto Joaquim Nabuco de Pesquisas Sociais quatro conferências sobre Tipos antropológicos no romance brasileiro. Publicam-se no Recife (Instituto Joaquim Nabuco de Pesquisas Sociais) o ensaio Sugestões em torno da ciência e da arte da pesquisa social, e no Rio de Janeiro (José Olympio), a 15ª edição brasileira de *Casa-grande & senzala*.

1970 Completa setenta anos de idade residindo na província e trabalhando como se fosse um intelectual ainda jovem: escrevendo livros, colaborando em jornais e revistas nacionais e estrangeiros, dirigindo cursos, proferindo conferências, presidindo o conselho diretor e incentivando as atividades do Instituto Joaquim Nabuco de Pesquisas Sociais, presidindo o Conselho Estadual de Cultura, dirigindo o Centro Regional de Pesquisas Educacionais e o Seminário de Tropicologia da Universidade Federal de Pernambuco, comparecendo às reuniões mensais do Conselho Federal de Cultura e atendendo a convites de universidades europeias e norte-americanas, onde é sempre recebido como o embaixador intelectual do Brasil. A Editora A. A. Knopf publica em Nova York *Order and progress*, com texto traduzido e refundido por Rod W. Horton.

1971 Recebe a 26 de novembro, em solenidade no Gabinete Português de Leitura, do Recife, e tendo como paraninfo o ministro Mário Gibson Barbosa, o título de Doutor *Honoris Causa* pela Universidade Federal de Pernambuco. Discursa como orador oficial da solenidade de inauguração, pelo presidente Emílio Garrastazu Médici, do Parque Nacional dos Guararapes, no Recife. A rainha Elizabeth lhe confere o título de *Sir* (Cavaleiro Comandante do Império Britânico) e a Universidade Federal do Rio de Janeiro, o grau de Doutor *Honoris Causa* em filosofia. Publicam-se a primeira edição da *Seleta para jovens* (José Olympio) e a obra *Nós e a Europa germânica* (Grifo Edições). Continua a receber visitas de estrangeiros ilustres na sua casa de Apipucos, devendo-se destacar as de embaixadores do Reino Unido, França, Estados Unidos, Bélgica e as de Aldous Huxley, George Gurvitch, Shelesky, John dos Passos, Jean Duvignaud, Lincoln

Gordon e Robert Kennedy, a quem oferece jantar a pedido desse visitante. A Companhia Editora Nacional publica em São Paulo, como volume 348 de sua coleção Brasiliana, a 1ª edição brasileira de *Novo mundo nos trópicos*.

1972 Preside o Primeiro Encontro Inter-regional de Cientistas Sociais do Brasil, realizado em Fazenda Nova, Pernambuco, de 17 a 20 de janeiro, sob os auspícios do Instituto Joaquim Nabuco de Pesquisas Sociais. Recebe o título de Cidadão de Olinda, conferido por Lei Municipal nº 3.774, de 8 de março de 1972, e em sessão solene da Assembleia Legislativa do Estado de Pernambuco, a Medalha Joaquim Nabuco, conferida pela Resolução nº 871, de 28 de abril de 1972. Em 14 de junho profere no Instituto Joaquim Nabuco de Pesquisas Sociais palestra sobre José Bonifácio e no Instituto Joaquim Nabuco de Pesquisas Sociais as duas primeiras conferências da série comemorativa do centenário de Estácio Coimbra. Em 15 de dezembro, inaugura-se na Praia de Boa Viagem, no Recife, o Hotel Casa-grande & senzala. A Editora Giulio Einaudi publica em Turim a edição italiana de *Casa-grande & senzala* (*Case e catatecchie*).

1973 Recebe em São Paulo o Troféu Novo Mundo, "por obras notáveis em sociologia e história", e o Troféu Diários Associados, pela "maior distinção anual em artes plásticas". Realizam-se exposições de telas de sua autoria, uma no Recife, outra no Rio, esta na residência do casal José Maria do Carmo Nabuco, com apresentação de Alfredo Arinos de Mello Franco. Por decreto do presidente Médici, é reconduzido ao Conselho Federal de Cultura. Viaja a Angola, em fevereiro. A 10 de maio, a convite da Assembleia Legislativa do Estado de Pernambuco, profere discurso no Cemitério de Santo Amaro, diante do túmulo de Joaquim Nabuco, em comemoração ao Sesquicentenário do Poder Legislativo no Brasil. Recebe em setembro, em João Pessoa, o título de Doutor *Honoris Causa* pela Universidade Federal da Paraíba. Profere na Câmara dos Deputados, em 29 de novembro, conferência sobre Atuação do Parlamento no Império e na República, na série comemorativa do Sesquicentenário do Poder Legislativo no Brasil e na Universidade de Brasília, palestra em inglês para o corpo diplomático, sob o título de Some remarks on how and why Brazil is different. Em 13 de dezembro é operado pelo professor Euríclides de Jesus Zerbini, no Hospital da Beneficência Portuguesa de São Paulo.

1974 Recebe em São Paulo o Troféu Novo Mundo, conferido pelo Centro de Artes Novo Mundo. Faz sua primeira exposição de pintura em São Paulo, com quarenta telas adquiridas imediatamente. A 15 de março, o Instituto Joaquim Nabuco de Pesquisas Sociais comemora com exposição e sessão solene os quarenta anos da publicação de *Casa-grande & senzala*. Em 20 de julho profere no Instituto Joaquim Nabuco de Pesquisas Sociais conferência sobre a Importância dos retratos para os estudantes biográficos: o caso de Joaquim Nabuco. A 29 de agosto, a Universidade Federal de Pernambuco inaugura no saguão da reitoria uma placa comemorativa dos quarenta anos de *Casa-grande & senzala*. A 12 de outubro recebe a Medalha de Ouro José Vasconcelos, outorgada pela Frente de Afirmación Hispanista do México, para distinguir, a cada ano, uma personalidade dos meios culturais hispano-americanos. O cineasta Geraldo Sarno realiza documentário de cinco minutos intitulado *Casa-grande & senzala*, de acordo com uma ideia de Aldous Huxley. O editor Alfred A. Knopf publica em Nova York a obra *The Gilberto Freyre Reader*.

1975 Diante da violência de uma enchente do rio Capibaribe, em 17 e 18 de julho, lidera com Fernando de Mello Freyre, diretor do Instituto Joaquim Nabuco, um movimento de estudo interdisciplinar sobre as enchentes em Pernambuco. Profere, em 10 de outubro, conferência no Clube Atlético Paulistano sobre O Brasil como nação hispano-tropical. Recebe em 15 de outubro, do Sindicato dos Professores do Ensino Primário e Secundário de Pernambuco e da Associação dos Professores do Ensino Oficial, o título de Educador do Ano, por relevantes serviços prestados à comunidade nordestina no campo da educação e da pesquisa social. Profere em 7 de novembro, no Teatro Santa Isabel, do Recife, conferência sobre o Sesquicentenário do *Diário de Pernambuco*. O Instituto do Açúcar e do Álcool lança, em 15 de novembro, o Prêmio de Criatividade Gilberto Freyre, para os melhores ensaios sobre aspectos socioeconômicos da zona canavieira do Nordeste. Publicam-se no Rio de Janeiro suas obras *Tempo morto e outros tempos*, *O brasileiro entre os outros hispanos* (José Olympio) e *Presença do açúcar na formação brasileira* (IAA).

1976 Viaja à Europa em setembro, fazendo conferências em Madri (Instituto de Cultura Hispânica) e em Londres (Conselho Britânico). É homenageado com a esposa, em Londres, com banquete pelo embaixador Roberto Campos e esposa (presentes vários dos seus amigos ingleses, como Lord Asa Briggs). Em Paris, como hóspede do governo francês, é entrevistado pelo sociólogo Jean Duvignaud, na rádio e na televisão francesas, sobre Tendências atuais da cultura brasileira. É homenageado com banquete pelo diretor de *Le Figaro*, seu amigo, escritor e membro da Academia Francesa, Jean d'Ormesson, presentes Roger Caillois e outros intelectuais franceses. Em Viena, identifica mapas inéditos do Brasil no período holandês, existentes na Biblioteca Nacional da Áustria. Na Espanha, como hóspede do governo, realiza palestra no Instituto de Cultura Hispânica, presidido pelo Duque de Cadis. Em Lisboa é homenageado com banquete pelo secretário de estado de Cultura, com a presença de intelectuais, ministros e diplomatas. Em 7 de outubro, lê em Brasília, a convite do ministro da Previdência Social, conferência de encerramento do Seminário sobre Problemas de Idosos. A Livraria José Olympio Editora publica as 16ª e 17ª edições de *Casa-grande & senzala*, e o IJNPS, a 6ª edição do *Manifesto regionalista*. É lançada 2ª edição portuguesa em Lisboa de *Casa-grande & senzala*.

1977 Estreia em janeiro no Nosso Teatro (Recife) a peça *Sobrados e mucambos*, adaptada por Hermilo Borba Filho e encenada pelo Grupo Teatral Vivencial. Recebe em fevereiro, do embaixador Michel Legendre, a faixa e as insígnias de Comendador das Artes e Letras da França. Profere em março, no Seminário de Tropicologia, conferência sobre O Recife eurotropical, e na Câmara dos Deputados, em Brasília, conferência de encerramento do ciclo comemorativo do Bicentenário da Independência dos Estados Unidos. Exibição, na Biblioteca Municipal Mário de Andrade, em São Paulo, de um documentário cinematográfico sobre sua vida e obra, *Da palavra ao desenho da palavra*, com debates dos quais participam Freitas Marcondes, Leo Gilson Ribeiro, Osmar Pimentel e Egon Schaden. Profere conferências na Câmara dos Deputados, em Brasília, em 19 de agosto, sobre A terra, o homem e a educação, no Seminário sobre Ensino Superior, promovido pela Comissão de Educação e Cultura, e no Teatro José de Alencar de Fortaleza, em 24 de setembro, sobre O Nordeste visto através do tempo. Lançamento em São Paulo, em 10 de novembro, do álbum *Casas-grandes & senzalas*, com guaches de Cícero Dias. Apresenta, no Arquivo Público Estadual de Pernambuco, conferência de encerramento do Curso sobre o Sesquicentenário da Elevação do Recife à Condição de Capital, sobre O Recife e a sua autobiografia coletiva. É acolhido como sócio honorário do Pen Clube do Brasil. Inicia em outubro colaboração semanal na *Folha de S.Paulo*. A Livraria José Olympio Editora publica *O outro amor do dr. Paulo*, seminovela, continuação de *Dona Sinhá e o filho padre*. A Editora Nova Aguilar publica, em dezembro, a *Obra escolhida*, volume em papel-bíblia que inclui *Casa-grande & senzala*, *Nordeste* e *Novo mundo nos trópicos*, com introdução de Antônio Carlos Villaça, cronologia da vida e da obra e bibliografia ativa e passiva, por Edson Nery da Fonseca. A Editora Ayacucho lança em Caracas a 3ª edição em espanhol de *Casa-grande & senzala*, com introdução de Darcy Ribeiro. As Ediciones Cultura Hispánica publicam em Madri a edição espanhola da *Seleta para jovens*, com o título de *Antología*. A Editora Espasa-Calpe publica, em Madri, *Más allá de lo moderno*, com prefácio de Julián Marías. A Livraria José Olympio Editora lança a 5ª edição de *Sobrados e mucambos* e a 18ª edição brasileira de *Casa-grande & senzala*.

1978 Viaja a Caracas para proferir três conferências no Instituto de Assuntos Internacionais do Ministério das Relações Exteriores da Venezuela. Abre no Arquivo Público Estadual, em 30 de março, ciclo de conferências sobre escravidão e abolição em Pernambuco, fazendo Novas considerações sobre escravos em anúncios de jornal em Pernambuco. Profere conferência sobre O Recife e sua ligação com estudos antropológicos no Brasil, na instalação da XI Reunião Brasileira de Antropologia, no auditório da Universidade Federal de Pernambuco, em 7 de maio. Em 22 de maio, abre em Natal a I Semana de Cultura do Nordeste. Profere em Curitiba, em 9 de junho, conferência sobre O Brasil em nova perspectiva antropossocial, numa promoção da Associação dos Professores Universitários do Paraná; em Cuiabá, em 16 de setembro, conferência sobre A dimensão ecológica do caráter nacional; na Academia Paulista de Letras, em 4 de dezembro, conferência sobre Tropicologia e realidade social, abrindo o 1º Seminário Internacional de Estudos Tropicais da Fundação Escola de Sociologia e Política. Publica-se *Recife & Olinda*, com desenhos de Tom Maia e Thereza Regina. Publicam-se as seguintes obras: *Alhos e bugalhos* (Nova Fronteira); *Prefácios desgarrados* (Cátedra); *Arte e ferro* (Ranulpho Editora de Arte), com pranchas de Lula Cardoso Ayres. O Conselho Federal de Cultura lança *Cartas do próprio punho sobre pessoas e coisas do Brasil e do estrangeiro*. A Editora Gallimard publica a 14ª edição de *Maîtres et esclaves*, na Coleção TEL. A Livraria Editora José Olympio publica a 19ª edição brasileira de *Casa-grande & senzala*, e a Fundação Cultural do Mato Grosso, a 2ª edição de *Introdução a uma sociologia da biografia*.

1979 O Arquivo Estadual de Pernambuco publica, em março, a edição fac-similar do *Livro do Nordeste*. Participa, no auditório da Biblioteca Municipal de São Paulo, em 30 de março, da Semana do Escritor Brasileiro. Recebe em Aracaju, em 17 de abril, o título de Cidadão Sergipano, outorgado pela Assembleia Legislativa de Sergipe. É homenageado pelo 44º Congresso Mundial de Escritores do Pen Clube Internacional, reunido no Rio de Janeiro, quando recebe a medalha Euclides da Cunha, sendo saudado pelo escritor Mário Vargas Llosa. Recebe o grau de Doutor *Honoris Causa* pela Faculdade de Ciências Médicas da Fundação do Ensino Superior de Pernambuco – Universidade de Pernambuco, em setembro. Viaja à Europa em outubro. Profere conferência na Fundação Calouste Gulbenkian, em 22 de outubro, sobre Onde o Brasil começou a ser o que é. Abre o ciclo de conferências comemorativo do 20º aniversário da Sudene, em dezembro, falando sobre Aspectos sociais do desenvolvimento regional. Recebe nesse mês o Prêmio Caixa Econômica Federal, da Fundação Cultural do Distrito Federal, pela obra *Oh de casa!* Profere na Universidade de Brasília conferência sobre Joaquim Nabuco: um novo tipo de político. A Editora Artenova publica *Oh de casa!* A Editora Cultrix publica *Heróis e vilões no romance brasileiro*. A MPM Propaganda publica *Pessoas, coisas & animais*, em edição não comercial. A Editora Ibrasa publica *Tempo de aprendiz*.

1980 Em 24 de janeiro, a Academia Pernambucana de Letras inicia as comemorações do octogésimo aniversário do autor, com uma conferência de Gilberto Osório de Andrade sobre Gilberto Freyre e o trópico. Em 25 de janeiro, a Codepe inicia seu Seminário Permanente de Desenvolvimento, dedicando-o ao estudo da obra de Gilberto Freyre. O Arquivo Público Estadual comemora a efeméride, em 26 e 27 de fevereiro, com duas conferências de Edson Nery da Fonseca. Recebe em São Paulo, em 7 de março, a medalha de Ordem do Ipiranga, maior condecoração do estado. Em 26 de março, recebe a medalha José Mariano, da Câmara Municipal do Recife. Por decreto de 15 de abril, o governador do estado de Sergipe lhe confere o galardão de Comendador da Ordem do Mérito Aperipê. Em homenagem ao autor, são realizados diversos eventos, como: missa cantada na Catedral de São Pedro dos Clérigos, do Recife, mandada celebrar pelo governo do estado de Pernambuco, sendo oficiante monsenhor Severino Nogueira e regente o padre Jayme Diniz. Inauguração, na redação do *Diário de Pernambuco*, de placa comemorativa da colaboração de Gilberto Freyre, iniciada em 1918. Almoço na residência de Fernando Freyre. *Open house* na vivenda Santo Antônio. Sorteio de bilhete da Loteria Federal da Praça de Apipucos. Desfile de clubes e blocos carnavalescos e concentração popular em Apipucos. Sessão solene do Congresso Nacional, em 15 de abril, às 15 horas, para homenagear o escritor Gilberto Freyre pelo transcurso do seu octogésimo aniversário. Discursos do presidente, senador Luís Viana Filho, dos senadores Aderbal Jurema e Marcos Freire e do deputado Thales Ramalho. Viaja a Portugal em junho, a convite da Câmara Municipal de Lisboa, para participar nas comemorações do Quarto Centenário da Morte de Camões. Profere conferência A tradição camoniana ante insurgências e ressurgências atuais. É homenageado, em 6 de julho, durante a 32ª Reunião Anual da Sociedade Brasileira para o Progresso da Ciência, realizada no Rio de Janeiro, e em 25 de julho, pelo XII Congresso Brasileiro de Língua e Literatura, promovido pelas universidades estaduais do Rio de Janeiro e Universidade Federal do Rio de Janeiro. Em 11 de agosto, recebe do embaixador Hansjorg Kastl a Grã-Cruz do Mérito da República Federativa da Alemanha. Ainda em agosto, é homenageado pelo IV Seminário Paraibano de Cultura Brasileira. Recebe o título de Cidadão Benemérito de João Pessoa, outorgado pela Câmara Municipal da capital paraibana. Recebe o título do sócio honorário do Instituto Histórico e Geográfico da Paraíba. Em 2 de setembro, é homenageado pelo Pen Clube do Brasil com um painel sobre suas ideias, no auditório do Palácio da Cultura, no Rio de Janeiro. Encenação, no Teatro São Pedro de São Paulo, da peça de José Carlos Cavalcanti Borges *Casa-grande & senzala*, sob a direção de Miroel Silveira, pelo grupo teatral da Escola de Comunicação e Artes da USP. Em 10 de outubro, apresenta conferência da Fundação Luisa e Oscar Americano, de São Paulo, sobre Imperialismo cultural do Conde Maurício. De 13 a 17 de outubro, profere simpósio internacional promovido pela Universidade de Brasília e pelo Ministério da Educação e Cultura, com a participação, como conferencistas, do historiador social inglês Lord Asa Briggs, do filósofo espanhol Julián Marías, do poeta e ensaísta português David Mourão-Ferreira, do antropólogo francês Jean Duvignaud e do historiador mexicano Silvio Zavala. Recebe o Prêmio Jabuti, de São Paulo, em 28 de outubro. Recebe, em 11 de dezembro, o grau de Doutor *Honoris Causa* pela Universidade Católica de Pernambuco. Em 12 de dezembro, recebe o Prêmio Moinho Recife. São publicadas diversas obras do autor, como: o álbum *Gilberto poeta*: algumas confissões, com serigrafias de Aldemir Martins, Jenner Augusto, Lula Cardoso Ayres, Reynaldo Fonseca e Wellington Virgolino e posfácio de José Paulo Moreira da Fonseca (Ranulpho Editora de Arte); *Poesia reunida* (Edições Pirata, Recife); 20ª edição brasileira de *Casa-grande & senzala*, com prefácio do ministro Eduardo Portella; 5ª edição de *Olinda*; 3ª edição da *Seleta para jovens*; 2ª edição brasileira de *Aventura e rotina* (todas pela Editora José Olympio); e a 2ª edição de *O escravo nos anúncios de jornais brasileiros do século XIX* (Companhia Editora Nacional). A

Editora Greenwood Press, de Westport, Conn., publica, sem autorização do autor, a reimpressão de *New world in the tropics*.

1981 A Classe de Letras da Academia de Ciências de Lisboa reúne-se, em fevereiro, para a comunicação do escritor David Mourão-Ferreira sobre Gilberto Freyre, criador literário. Encenação, em março, no Teatro Santa Isabel, da peça-balé de Rubens Rocha Filho *Tempos perdidos, nossos tempos*. Em 25 de março, o autor recebe do embaixador Jean Beliard a *rosette* de Oficial da Légion d'Honneur. Inauguração de seu retrato, em 21 de abril, no Museu do Trem da Superintendência Regional da Rede Ferroviária Federal. Em 29 de abril, o Conselho Municipal de Cultura lança, no Palácio do Governo, um álbum de desenhos de sua autoria. Inauguração, em 7 de maio, no Museu Nacional da Quinta da Boa Vista, da edição quadrinizada de *Casa-grande & senzala*, numa promoção da Universidade Federal do Rio de Janeiro, Museu Nacional e Editora Brasil-América. Profere conferência, em 15 de maio, no auditório Benício Dias da Fundação Joaquim Nabuco, sobre Atualidade de Lima Barreto. Viaja à Espanha, em outubro, para tomar posse no Conselho Superior do Instituto de Cooperação Ibero-Americana, nomeado pelo rei João Carlos I.

1982 Recebe em janeiro a medalha comemorativa dos trinta anos do Conselho Nacional de Desenvolvimento Científico e Tecnológico (CNPq). Profere na Academia Pernambucana de Letras conferência sobre Luís Jardim autodidata?, comemorativa do octogésimo aniversário do pintor e escritor pernambucano. Na abertura do III Congresso Afro-Brasileiro, em 20 de setembro, apresenta conferência no teatro Santa Isabel. Em setembro, é entrevistado pela Rede Bandeirantes de Televisão, no programa *Canal Livre*. Recebe do embaixador Javier Vallaure, na Embaixada da Espanha em Brasília, a Grã-Cruz de Alfonso, El Sabio (outubro), e no auditório do Palácio da Cultura, em 9 de novembro, conferência sobre Villa-Lobos revisitado. Profere no Nacional Club de São Paulo, em 11 de novembro, conferência sobre Brasil: entre passados úteis e futuros renovados. A Editora Massangana publica *Rurbanização: o que é?* A Editora Klett-Cotta, de Stuttgart, publica a primeira edição alemã de *Das Land in der Stadt. Die Entwicklung der urbanem Gesellschaft Brasiliens* (*Sobrados e mucambos*) e a segunda de *Herrenhaus und Sklavenhütte* (*Casa-grande & senzala*).

1983 Iniciam-se em 21 de março – Dia Internacional das Nações Unidas Contra a Discriminação Racial – as comemorações do cinquentenário da publicação de

Casa-grande & senzala, com sessão solene no auditório Benício Dias, presidida pelo governador Roberto Magalhães e com a presença da ministra da Educação, Esther de Figueiredo Ferraz, e do diretor-geral da Unesco, Amadou M'Bow, que lhe entrega a medalha Homenagem da Unesco. Recebe em 15 de abril, da Associação Brasileira de Relações Públicas, Seção de Pernambuco, o Troféu Integração por destaque cultural de 1982. Em abril, expõe seus últimos desenhos e pinturas na Galeria Aloísio Magalhães. Viaja a Lisboa, em 25 de outubro, para receber, do ministro dos Negócios Estrangeiros, a Grã-Cruz de Santiago da Espada. Em 27 de outubro, participa de sessão solene da Academia de Ciências de Lisboa e da Academia Portuguesa de História, comemorativa do cinquentenário da publicação de *Casa-grande & senzala*. A Fundação Calouste Gulbenkian promove em Lisboa um ciclo de conferências sobre *Casa-grande & senzala* (2 de novembro a 4 de dezembro). É homenageado pela Feira Internacional do Livro do Rio de Janeiro, em 9 de novembro. O Seminário de Tropicologia reúne-se, em 29 de novembro, para a conferência de Edson Nery da Fonseca, intitulada Gilberto Freyre, cultura e trópico. Recebe em 7 de dezembro, no Liceu Literário Português do Rio de Janeiro, a Grã-Cruz da Ordem Camoniana. A Editora Massangana publica *Apipucos: que há num nome?*, a Editora Globo lança *Insurgências e ressurgências atuais* e *Médicos, doentes e contextos sociais* (2ª edição de *Sociologia da medicina*). Realiza-se na Fundação Joaquim Nabuco, de 19 a 30 de setembro, um ciclo de conferências comemorativo dos cinquenta anos de *Casa-grande & senzala*, promovido com apoio do governo do estado e de outras entidades pernambucanas (anais editados por Edson Nery da Fonseca e publicados em 1985 pela Editora Massangana: *Novas perspectivas em Casa-grande & senzala*). A José Olympio Editora publica no Rio de Janeiro o livro de Edilberto Coutinho *A imaginação do real:* uma leitura da ficção de Gilberto Freyre, tese de doutoramento defendida na Universidade Federal do Rio de Janeiro. A Editora Record lança no Rio de Janeiro *Homens, engenharias e rumos sociais*.

1984 Lançamento, em 20 de janeiro, de selo postal comemorativo do cinquentenário de *Casa-grande & senzala*. Viaja a Salvador, em 14 de março, para receber homenagem do governo do estado pelo cinquentenário de *Casa-grande & senzala*. Inauguração, no Museu de Arte Moderna da Bahia, da exposição itinerante sobre a obra. Conferência de Edson Nery da Fonseca sobre Gilberto Freyre, *Casa-grande & senzala* e a Bahia. Convidado pelo governador Tancredo Neves, profere em Ouro Preto, em 21 de abril, o discurso oficial da Semana da

Inconfidência. Profere em 8 de maio, na antiga Reitoria da UFRJ, conferência sobre Alfonso X, o sábio, ponte de culturas. Recebe da União Cultural Brasil-Estados Unidos, em 7 de junho, a medalha de merecimento por serviços relevantes prestados à aproximação entre o Brasil e os Estados Unidos. Em 8 de junho, profere conferência no Clube Atlético Paulistano sobre Camões: vocação de antropólogo moderno?, promovida pelo Conselho da Comunidade Portuguesa de São Paulo. Em setembro, o Balé Studio Um realiza no Recife o espetáculo de dança *Casa-grande & senzala*, sob a direção de Eduardo Gomes e com música de Egberto Gismonti. Recebe a Medalha Picasso da Unesco, desenhada por Juan Miró em comemoração do centenário do pintor espanhol. Em setembro, homenageado por Richard Civita no Hotel 4 Rodas de Olinda, com banquete presidido pelo governador Roberto Magalhães e entrega de passaportes para o casal se hospedar em qualquer hotel da rede. Participa, na Arquidiocese do Rio de Janeiro, em outubro, do Congresso Internacional de Antropologia e Práxis, debatedor do tema *Cultura e redenção*, desenvolvido por D. Paul Poupard. É homenageado no Teatro Santa Isabel do Recife, em 31 de novembro, pelo cinquentenário do 1º Congresso Afro-Brasileiro, ali realizado em 1934. Lê no Museu de Arte Sacra de Pernambuco (Olinda) a conferência Cultura e museus, publicada no ano seguinte pela Fundarpe. Convidado pelo Conselho da Comunidade Portuguesa do Estado de São Paulo, lê no Clube Atlético Paulistano, em 8 de junho (Dia de Portugal) a conferência Camões: vocação de antropólogo moderno?, publicada no mesmo ano pelo conselho.

1985 Recebe da Fundação do Patrimônio Histórico e Artístico de Pernambuco (Fundarpe) a Homenagem à Cultura Viva de Pernambuco, em 18 de março. Viaja em maio aos Estados Unidos, para receber, na Baylor University, o prêmio consagrador de notáveis triunfos (Distinguished Achievement Award). Profere em 21 de maio, na Harvard University, conferência sobre My first contacts with american intellectual life, promovida pelo Departamento de Línguas e Literaturas Românicas e pela Comissão de Estudos Latino-Americanos e Ibéricos. Realiza exposição na Galeria Metropolitana Aloísio Magalhães do Recife: Desenhos a cor: figuras humanas e paisagens. Recebe, em agosto, o grau de Doutor *Honoris Causa* em Direito e em Letras pela Universidade Clássica de Lisboa. É nomeado em setembro, pelo presidente da República, para compor a Comissão de Estudos Constitucionais. Recebe o título de Cidadão de Manaus, em 6 de setembro. Profere, em 29 de outubro, conferência na inauguração do Instituto

Brasileiro de Altos Estudos (Ibrae) de São Paulo, subordinada ao título À beira do século XX. Em 20 de novembro, é apresentado, no Cine Bajado, de Olinda, o filme de Kátia Mesel *Oh de casa*! Em dezembro viaja a São Paulo, sendo hospitalizado no Incor para cirurgia de um divertículo de Zenkel (hérnia de esôfago). A José Olympio Editora publica a 7ª edição de *Sobrados e mucambos* e a 5ª edição de *Nordeste*. Por iniciativa do Centro de Estudos Latino-Americanos da Universidade da Califórnia em Los Angeles, a editora da universidade publica em Berkeley reedições em brochuras do mesmo formato *The masters and the slaves, The mansions and the shanties* e *Order and progress*, com introduções de David H. E. Mayburt-Lewis e Ludwig Lauerhass Jr., respectivamente.

1986 Em janeiro, submete-se a uma cirurgia do esôfago para retirada de um divertículo de Zenkel, no Incor. Regressa ao Recife em 16 de janeiro, dizendo: "agora estou em casa, meu Apipucos". Em 22 de fevereiro, retorna a São Paulo para uma cirurgia de próstata no Incor, realizada em 24 de fevereiro. Recebe em 24 de abril, em sua residência de Apipucos, do embaixador Bernard Dorin, a comenda de Grande Oficial da Legião de Honra, no grau de Cavaleiro. Em maio, é agraciado com o Prêmio Cavalo-Marinho, da Empitur. Em agosto, recebe o título de Cidadão de Aracaju. Em 24 de outubro, reencontra-se no Recife com a dançarina Katherine Dunhm. Em 28 de outubro é eleito para ocupar a cadeira 23 da Academia Pernambucana de Letras, vaga com a morte de Gilberto Osório de Andrade. Toma posse em 11 de dezembro na Academia Pernambucana de Letras. Recebe, em 16 de dezembro, o título de Pesquisador Emérito do Instituto de Pesquisas Sociais da Fundação Joaquim Nabuco. Publica-se em Budapeste a edição húngara de *Casa-grande & senzala: Udvarház es szolgaszállás*. A professora Élide Rugai Bastos defende na Pontifícia Universidade Católica de São Paulo (PUC) a tese de doutoramento *Gilberto Freyre e a formação da sociedade brasileira*, orientada pelo professor Octavio Ianni. A Áries Editora publica em São Paulo o livro de Pietro Maria Bardi, *Ex-votos de Mário Cravo*, e a Editora Creficullo lança o livro do mesmo autor *40 anos de Masp*, ambos prefaciados por Gilberto Freyre.

1987 Instituição, em 11 de março, da Fundação Gilberto Freyre. Em 30 de março, recebe em Apipucos a visita do presidente Mário Soares. Em 7 de abril, submete-se a uma cirurgia para implantação de marca-passo no Incor do Hospital Português. Em 18 de abril, Sábado Santo, recebe de d. Basílio Penido, OSB, os sacramentos da Reconciliação, da Eucaristia e da Unção dos Enfermos. Morre no Hospital Português, às 4 horas de 18 de julho, aniversário de Magdalena. Sepultamento no Cemitério de Santo Amaro, às 18 horas, com discurso do ministro Marcos Freire. Em 20 de julho, o senador Afonso Arinos ocupa a tribuna da Assembleia Nacional Constituinte para homenagear sua memória. Em 19 de julho o jornal *ABC de Madri* publica um artigo de Julián Marías: Adiós a um brasileño universal. Em 24 de julho, missas concelebradas, no Recife, por d. José Cardoso Sobrinho e d. Heber Vieira da Costa, OSB, e em Brasília, por d. Hildebrando de Melo e pelos vigários da catedral e do Palácio da Alvorada com coral da Universidade de Brasília. Missa celebrada no seminário, com canto gregoriano a cargo das Beneditinas de Santa Gertrudes, de Olinda. A Editora Record publica *Modos de homem e modas de mulher* e a 2ª edição de *Vida, forma e cor*; *Assombrações do Recife Velho* e *Perfil de Euclides e outros perfis*; a José Olympio Editora, a 25ª edição brasileira de *Casa-grande & senzala*. O Círculo do Livro lança nova edição de *Dona Sinhá e o filho padre*, e a Editora Massangana publica *Pernambucanidade consagrada* (discursos de Gilberto Freyre e Waldemar Lopes na Academia Pernambucana de Letras). Ciclo de conferências promovido pela Fundação Joaquim Nabuco em memória de Gilberto Freyre, tendo como conferencistas Julián Marías, Adriano Moreira, Maria do Carmo Tavares de Miranda e José Antônio Gonsalves de Mello (convidado, deixou de vir, por motivo de doença, o antropólogo Jean Duvignaud). Ciclo de conferências promovido em Maceió pelo governo do estado de Alagoas, a cargo de Maria do Carmo Tavares de Miranda, Odilon Ribeiro Coutinho e José Antônio Gonsalves de Mello. Homenagem do Conselho Latino-Americano de Ciências Sociais, na abertura de sua XIV Assembleia Geral, realizada no Recife, de 16 a 21 de novembro. A editora mexicana Fondo de Cultura Econômica publica a 2ª edição, como livro de bolso, de *Interpretación del Brasil*. A revista *Ciência e Cultura* publica em seu número de setembro o necrológio de Gilberto Freyre, solicitado por Maria Isaura Pereira de Queiroz a Edson Nery da Fonseca.

1988 Em convênio com a Fundação Gilberto Freyre e sob os auspícios do Grupo Gerdau, a Editora Record publica no Rio de Janeiro a obra póstuma *Ferro e civilização no Brasil*.

1989 Em sua 26ª edição, *Casa-grande & senzala* passa a ser publicada pela Editora Record, até a 46ª edição, em 2002.

1990 A Fundação das Artes e a Empresa Gráfica da Bahia publicam em Salvador *Bahia e baianos*, obra póstuma organizada e prefaciada por Edson Nery da Fonseca. A Editora Klett-Cotta lança em Stuttgart a 2ª edição alemã de *Sobrados e mucambos* (*Das land in der Sdadt*). Realiza-se na Fundação Joaquim Nabuco o seminário O cotidiano em Gilberto Freyre, organizado por Fátima Quintas (anais publicados no mesmo ano pela Editora Massangana).

1994 A Câmara dos Deputados publica, como volume 39 de sua Coleção Perfis Parlamentares, *Discursos parlamentares*, de Gilberto Freyre, texto organizado, anotado e prefaciado por Vamireh Chacon. A Editora Agir publica no Rio de Janeiro a antologia *Gilberto Freyre*, organizada por Edilberto Coutinho como volume 117 da Coleção Nossos Clássicos, dirigida por Pedro Lyra. A Editora 34 publica no Rio de Janeiro a tese de doutoramento de Ricardo Benzaquen de Araújo *Guerra e paz: Casa-grande & senzala e a obra de Gilberto Freyre nos anos 30*.

1995 Realiza-se na Fundação Joaquim Nabuco a semana de estudos comemorativos dos 95 anos de Gilberto Freyre, com conferências reunidas e apresentadas por Fátima Quintas na obra coletiva *A obra em tempos vários*, publicada em 1999 pela Editora Massangana. A Fundação de Cultura da Cidade do Recife e a Imprensa Universitária da Universidade Federal de Pernambuco publicam no Recife *Novas conferências em busca de leitores*, obra póstuma organizada e prefaciada por Edson Nery da Fonseca. A Editora Massangana publica o livro de Sebastião Vila Nova, *Sociologias e pós-sociologia em Gilberto Freyre*.

1996 Realiza-se na Fundação Joaquim Nabuco o simpósio Que somos nós?, organizado por Maria do Carmo Tavares de Miranda em comemoração aos sessenta anos de *Sobrados e mucambos* (anais publicados pela Editora Massangana em 2000).

1997 Comemorando seu septuagésimo quinto aniversário, a revista norte-americana *Foreign Affairs* publica o resultado de um inquérito destinado à escolha de 62 obras "que fizeram a cabeça do mundo a partir de 1922". *Casa-grande & senzala* é apontada como uma delas pelo professor Kenneth Maxwell. A Companhia das Letras publica em São Paulo a 4ª edição de *Açúcar*, livro reimpresso em 2002 por iniciativa da Usina Petribu.

1999 Por iniciativa da Fundação Oriente, da Universidade da Beira Interior e da Sociedade de Geografia de Lisboa, iniciam-se em Portugal as comemorações do centenário de nascimento de Gilberto Freyre, com o colóquio realizado na

Sociedade de Geografia de Lisboa, de 11 e 12 de fevereiro, Lusotropicalismo revisitado, sob a direção dos professores Adriano Moreira e José Carlos Venâncio. A Fundação Oriente institui um prêmio anual de um milhão de escudos para "galardoar trabalhos de investigação na área da perspectiva gilbertiana sobre o Oriente". As comemorações pernambucanas são iniciadas em 14 de março, com missa solene concelebrada na Basílica do Mosteiro de São Bento de Olinda, com canto gregoriano pelas Beneditinas Missionárias da Academia Santa Gertrudes. Pelo Decreto nº 21.403, de 7 de maio, o governador de Pernambuco declara, no âmbito estadual, Ano Gilberto Freyre 2000. Pelo Decreto de 13 de julho, o presidente da República institui o ano 2000 como Ano Gilberto Freyre. A UniverCidade do Rio de Janeiro institui, por sugestão da Editora Topbooks, o prêmio de 20 mil dólares para o melhor ensaio sobre Gilberto Freyre.

2000 Por iniciativa da TV Cultura de São Paulo, são elaborados os filmes *Gilbertianas I e II*, dirigidos pelo cineasta Ricardo Miranda com a colaboração do antropólogo Raul Lody. Em 13 de março, ocorre o lançamento nacional da produção, numa promoção do Shopping Center Recife/UCI Cinemas/Weston Táxi Aéreo. Em 21 de março é lançada, na sala Calouste Gulbenkian da Fundação Joaquim Nabuco, no Núcleo de Estudos Freyrianos, no governo do estado de Pernambuco, na Sudene e no Ministério da Cultura. Por iniciativa do Canal GNT, VideoFilmes e Regina Filmes, o cineasta Nelson Pereira dos Santos dirige quatro documentários intitulados genéricos de *Casa-grande & senzala*, tendo Edson Nery da Fonseca como corroteirista e narrador. Filmados no Brasil, em Portugal e na Universidade de Colúmbia em Nova York, o primeiro, *O Cabral moderno*, exibido pelo canal GNT a partir de 21 de abril. Os demais, *A cunhã: mãe da família brasileira*, *O português: colonizador dos trópicos* e *O escravo na vida sexual e de família do brasileiro*, são exibidos pelo mesmo canal, a partir de 2001. As Editoras Letras e Expressões e Abregraph publicam a 2ª edição de *Casa-grande & senzala em quadrinhos*, com ilustrações de Ivan Wasth Rodrigues colorizadas por Noguchi. A Editora Topbooks lança a 2ª edição brasileira de *Novo mundo nos trópicos*, prefaciada por Wilson Martins. A revista *Novos Estudos Cebrap*, n. 56, publica o dossiê Leituras de Gilberto Freyre, com apresentação de Ricardo Benzaquen de Araújo, incluindo as introduções de Fernand Braudel à edição italiana de *Casa-grande & senzala*, de Lucien Fèbvre à edição francesa, de Antonio Sérgio a *O mundo que o português criou* e de Frank Tannembaum à edição norte-americana de *Sobrados e mucambos*. Em 15 de março, realiza-se na

Maison de Sciences de l'Homme et de la Science o colóquio Gilberto Freyre e a França, organizado pela professora Ria Lemaire, da Universidade de Poitiers. Em 15 de março o arcebispo de Olinda e Recife, José Cardoso, celebra missa solene na Igreja de São Pedro dos Clérigos, com cantos do coral da Academia Pernambucana de Música. Na tarde de 15 de março, é apresentada, na sala Calouste Gulbenkian, em projeção de VHF, a Biblioteca Virtual Gilberto, disponível imediatamente na Internet: <http://prossiga.bvgf.fgf.org.br>. De 21 a 24 de março realiza-se na Fundação Gilberto Freyre o Seminário Internacional Novo Mundo nos Trópicos (anais publicados com título homônimo). De 28 a 31 de março é apresentado no Centro Cultural Banco do Brasil do Rio de Janeiro o ciclo de palestras A propósito de Gilberto Freyre (não reunidas em livro). De 14 a 16 de agosto realiza-se o seminário Gilberto Freyre: patrimônio brasileiro, promovido conjuntamente pela Fundação Roberto Marinho, pela UniverCidade do Rio de Janeiro, pelo Colégio do Brasil, pela Academia Brasileira de Letras, pela *Folha de S. Paulo* e pelo Instituto de Estudos Avançados da USP. Iniciado no auditório da Academia Brasileira de Letras e num dos *campi* da Universidade, é concluído no auditório da *Folha de S. Paulo* e na cidade universitária da USP. Em 18 de outubro, realiza-se no anfiteatro da História da USP o seminário multidisciplinar Relendo Gilberto Freyre, organizado pelo Centro Angel Rama da Faculdade de Filosofia, Letras e Ciências Humanas na mesma universidade. Em 20 de outubro realiza-se na embaixada do Brasil em Paris o seminário Gilberto Freyre e as ciências sociais no Brasil, promovido pelo Ministério das Relações Exteriores e Fundação Gilberto Freyre. Em 30 de outubro realiza-se em Buenos Aires o seminário À la busqueda de la identidad: el ensayo de interpretación nacional en Brasil y Argentina. De 6 a 9 de novembro é realizada no Sun Valley Park Hotel, em Marília (SP), a Jornada de Estudos Gilberto Freyre, organizada pela Faculdade de Filosofia e Ciências da Unesp. Em 21 de novembro, na Universidade de Essex, ocorre o seminário *The english in Brazil:* a study in cultural encounters, dirigido pela professora Maria Lúcia Pallares-Burke. Em 27 de novembro, realiza-se na Universidade de Cambridge o seminário Gilberto Freyre & história social do Brasil, dirigido pelos professores Peter Burke e Maria Lúcia Pallares-Burke. De 27 a 30 de novembro, acontece no Centro de Ciências Humanas, Letras e Artes da Universidade Federal da Paraíba o simpósio Gilberto Freyre: interpenetração do Brasil, organizado pela professora Elisalva Madruga Dantas e pelo poeta e multiartista Jomard Muniz de Brito (anais com título homônimo publicados pela editora Universitária em

2002). De 28 a 30 de novembro, ocorre na sala Calouste Gulbenkian da Fundação Joaquim Nabuco o seminário internacional Além do apenas moderno. De 5 a 7 de dezembro é apresentado no auditório João Alfredo da Universidade Federal de Pernambuco o seminário Outros Gilbertos, organizado pelo Laboratório de Estudos Avançados de Cultura Contemporânea do Departamento de Antropologia da mesma universidade. Publica-se em São Paulo, pelo Grupo Editorial Cone Sul, o ensaio de Gustavo Henrique Tuna: Gilberto Freyre – entre tradição & ruptura, premiado na categoria "ensaio" do 3º Festival Universitário de Literatura, organizado pela Xerox do Brasil e pela revista *Livro Aberto*. Por iniciativa do deputado Aldo Rebelo a Câmara dos Deputados reúne no opúsculo Gilberto Freyre e a formação do Brasil, prefaciado por Luís Fernandes, ensaios do próprio deputado, de Otto Maria Carpeaux e de Regina Maria A. F. Gadelha. A Editora Comunigraf publica no Recife o livro de Mário Hélio *O Brasil de Gilberto Freyre:* uma introdução à leitura de sua obra, com ilustrações de José Cláudio e prefácio de Edson Nery da Fonseca. A Editora Casa Amarela publica em São Paulo a segunda edição do ensaio de Gilberto Felisberto Vasconcellos O xará de Apipucos. A Embaixada do Brasil em Bogotá publica o opúsculo Imagenes, com texto e ilustrações selecionadas por Nora Ronderos.

2001 A Companhia das Letras publica em São Paulo a 2ª edição de *Interpretação do Brasil*, organizada e prefaciada por Omar Ribeiro Thomaz (nº 19 da Coleção Retratos do Brasil). A Editora Topbooks publica no Rio de Janeiro a obra coletiva *O imperador das ideias*: Gilberto Freyre em questão, organizada pelos professores Joaquim Falcão e Rosa Maria Barboza de Araújo, reunindo conferências do seminário realizado no Rio de Janeiro e em São Paulo de 14 a 17 de agosto de 2000. A Editora Topbooks e UniverCidade publicam no Rio de Janeiro a 2ª edição de *Além do apenas moderno*, prefaciada por José Guilherme Merquior e as 3ªs edições de *Aventura e rotina*, prefaciada por Alberto da Costa e Silva, e de *Ingleses no Brasil*, prefaciada por Evaldo Cabral de Melo. A Editora da Universidade do Estado de Pernambuco publica, como nº 18 de sua Coleção Nordestina, o livro póstumo *Antecipações*, organizado e prefaciado por Edson Nery da Fonseca. A Editora Garamond publica no Rio de Janeiro o livro de Helena Bocayuva *Erotismo à brasileira:* o excesso sexual na obra de Gilberto Freyre, prefaciado pelo professor Luis Antonio de Castro Santos. O *Diário Oficial da União* de 28 de dezembro de 2001 publica, à página 6, a Lei nº

10.361, de 27 de dezembro de 2001, que confere o nome de Aeroporto Internacional Gilberto Freyre ao Aeroporto Internacional dos Guararapes do Recife. O Projeto de Lei é de autoria do deputado José Chaves (PMDB-PE).

2002 Publica-se no Rio de Janeiro, em coedição da Fundação Biblioteca Nacional e Zé Mário Editor, o livro de Edson Nery da Fonseca *Gilberto Freyre de A a Z*. É lançada em Paris, sob os auspícios da ONG da Unesco Allca XX e como volume nº 55 da Coleção Archives, a edição crítica de *Casa-grande & senzala*, organizada por Guillermo Giucci, Enrique Rodríguez Larreta e Edson Nery da Fonseca.

2003 O governo instalado no Brasil em 1º de janeiro extingue, sem nenhuma explicação, o Seminário de Tropicologia criado em 1966 pela Universidade Federal de Pernambuco, por sugestão de Gilberto Freyre e incorporado em 1980 à estrutura da Fundação Joaquim Nabuco. Gustavo Henrique Tuna defende, no Departamento de História do Instituto de Filosofia e Ciências Humanas da Unicamp, a dissertação de mestrado *Viagens e viajantes em Gilberto Freyre*. A Editora da Universidade de Brasília publica, em coedição com a Imprensa Oficial do Estado de São Paulo, as seguintes obras póstumas, organizadas por Edson Nery da Fonseca: *Palavras repatriadas* (prefácio e notas do organizador); *Americanidade e latinidade da América Latina e outros textos afins*, *Três histórias mais ou menos inventadas* (com prefácio e posfácio de César Leal) e *China tropical*. A Global Editora publica a 47ª edição de *Casa-grande & senzala* (com apresentação de Fernando Henrique Cardoso). No mesmo ano, lança a 48ª edição da obra-mestra de Freyre. A mesma editora publica a 14ª edição de *Sobrados e mucambos* (com apresentação de Roberto DaMatta). Publica-se pela Edusc, Editora da Unesp e Fapesp o livro *Gilberto Freyre em quatro tempos* (organização de Ethel Volfzon Kosminsky, Claude Lépine e Fernanda Arêas Peixoto), reunindo comunicações apresentadas na Jornada de Estudos Gilberto Freyre, realizada em Marília (SP), em 2000. É lançada pela Edusc, Editora Sumaré e Anpocs o livro de Élide Rugai Bastos *Gilberto Freyre e o pensamento hispânico: entre Dom Quixote e Alonso El Bueno*.

2004 A Global Editora publica a 6ª edição de *Ordem e progresso* (apresentação de Nicolau Sevcenko), a 7ª edição de *Nordeste* (com apresentação de Manoel Correia de Oliveira Andrade), a 15ª edição de *Sobrados e mucambos* e a 49ª edição de *Casa-grande & senzala*. Em conjunto com a Fundação Gilberto Freyre, a editora lança o Concurso Nacional de Ensaios – Prêmio Gilberto Freyre

2004/2005, destinado a premiar e a publicar ensaio que aborde "qualquer dos aspectos relevantes da obra do escritor Gilberto Freyre".

2005 Em 15 de março é premiado o trabalho de Élide Rugai Bastos intitulado *As criaturas de Prometeu:* Gilberto Freyre e a formação da sociedade brasileira, vencedor do Concurso Nacional de Ensaios – Prêmio Gilberto Freyre 2004/2005, promovido pela Fundação Gilberto Freyre e pela Global Editora. Esta publica a 50ª edição (edição comemorativa) de *Casa-grande & senzala*, em capa dura. Em agosto, o grupo de teatro Os Fofos Encenam, sob a direção de Newton Moreno, estreia a peça *Assombrações do Recife Velho*, adaptação da obra homônima de Gilberto Freyre, no Casarão do Belvedere, situado no Bairro Bela Vista, em São Paulo. Em 18 de outubro, na Livraria Cultura do Shopping Villa-Lobos, em São Paulo, é lançado *Gilberto Freyre:* um vitoriano dos trópicos, de Maria Lúcia Pallares-Burke, pela Editora da Unesp, em mesa-redonda com a participação dos professores Antonio Dimas, José de Souza Martins, Élide Rugai Bastos e a autora do livro. A Global Editora publica a 3ª edição de *Casa-grande & senzala em quadrinhos*, com ilustrações de Ivan Wasth Rodrigues colorizadas por Noguchi.

2006 Realiza-se em 15 de março na 19ª Bienal Internacional do Livro de São Paulo, sediada no Pavilhão de Exposições do Anhembi, no salão A-Mezanino, a mesa de debate 70 anos de *Sobrados e mucambos*, de Gilberto Freyre, com a presença dos professores Roberto DaMatta, Élide Rugai Bastos, Enrique Rodríguez Larreta e mediação de Gustavo Henrique Tuna. No evento, é lançado o 2º Concurso Nacional de Ensaios – Prêmio Gilberto Freyre 2006/2007, organizado pela Global Editora e pela Fundação Gilberto Freyre que aborda qualquer aspecto referente à obra *Sobrados e mucambos*. A Global Editora publica a 2ª edição, revista, de *Tempo morto e outros tempos*, prefaciada por Maria Lúcia Garcia Pallares-Burke. Realiza-se no auditório do Instituto de Filosofia e Ciências Humanas da Unicamp, nos dias 25 e 26 de abril, o Simpósio Gilberto Freyre: produção, circulação e efeitos sociais de suas ideias, com a presença de inúmeros estudiosos do Brasil e do exterior da obra do sociólogo pernambucano. A Global Editora publica *As criaturas de Prometeu – Gilberto Freyre e a formação da sociedade brasileira*, de Élide Rugai Bastos, trabalho vencedor da 1ª edição do Concurso Nacional de Ensaios/Prêmio Gilberto Freyre 2004/2005, promovido pela editora e pela Fundação Gilberto Freyre.

2007 Publicam-se em São Paulo, pela Global Editora: a 5ª edição do livro *Açúcar*, apresentada por Maria Lecticia Monteiro Cavalcanti; a 5ª edição revista, atualizada e aumentada por Antonio Paulo Rezende do livro *Guia prático, histórico e sentimental da cidade do Recife*; a 6ª edição revista e atualizada por Edson Nery da Fonseca do livro *Olinda: 2º guia prático, histórico e sentimental de* atualizada por Edson Nery da Fonseca do livro Olinda: *2º guia prático, histórico e sentimental de cidade brasileira*. Publica-se no Rio de Janeiro, pela Civilização Brasileira, o primeiro volume da obra *Gilberto Freyre uma biografia cultural*, dos pesquisadores uruguaios Enrique Rodrigues Larreta e Guillermo Giucci, em tradução de Josely Vianna Baptista. Publica-se no Recife, pela Editora Massangana, o livro de Edson Nery da Fonseca *Em torno de Gilberto Freyre*.

2008 O Museu da Língua Portuguesa de São Paulo encerra em 4 de maio a exposição, iniciada em 27 de novembro de 2007, *Gilberto Freyre intérprete do Brasil*, sob a curadoria de Élide Rugai Bastos, Júlia Peregrino e Pedro Karp Vasquez. Publicam-se em São Paulo, pela Global Editora: a 4ª edição revista do livro *Vida social no Brasil nos meados do século XIX*, com apresentação e índices de Gustavo Henrique Tuna; e a 6ª edição do livro *Assombrações do Recife Velho*, com apresentação de Newton Moreno, autor da adaptação teatral representada com sucesso em São Paulo. O editor Peter Lang de Oxford publica o livro de Peter Burke e Maria Lúcia G. Pallares-Burke *Gilberto Freyre*: social theory in the Tropics, versão de *Gilberto Freyre, um vitoriano nos Trópicos*, publicado em 2005 pela Editora da Unesp, que em 2006 recebeu os prêmios Senador José Ermírio de Morais da ABL (Academia Brasileira de letras) e Jabuti, na categoria Ciências Humanas.
A Global Editora publica *Ensaio sobre o jardim*, de Solange de Aragão, trabalho vencedor da 2ª edição do Concurso Nacional de Ensaios – Prêmio Gilberto Freyre 2006/2007, promovido pela editora e pela Fundação Gilberto Freyre.

2009 A Global Editora publica a 2ª edição de *Modos de homem & modas de mulher* com texto de apresentação de Mary Del Priore. A É Realizações Editora publica em São Paulo a 6ª edição do livro *Sociologia*: introdução ao estudo dos seus princípios, com prefácio de Simone Meucci e posfácio de Vamireh Chacon, e a 4ª edição de *Sociologia da medicina*, com prefácio de José Miguel Rasia. O Diário de Pernambuco edita a obra *Crônicas do cotidiano:* a vida cultural de Pernambuco nos artigos de Gilberto Freyre, antologia organizada por Carolina Leão e Lydia Barros. A Editora da Unesp publica, em tradução de Fernanda Veríssimo, o livro de Peter Burke e Maria Lúcia G. Pallares-Burke *Repensando os trópicos*: um retrato intelectual de Gilberto Freyre, com prefácio à edição brasileira.

2010 Publica-se pela Global Editora o livro *Nordeste semita – Ensaio sobre um certo Nordeste que em Gilberto Freyre também é semita*, de autoria de Caesar Sobreira, trabalho vencedor da 3ª edição do Concurso Nacional de Ensaios – Prêmio Gilberto Freyre 2008-2009, promovido pela editora e pela Fundação Gilberto Freyre. A Global Editora publica a 4ª edição de *O escravo nos anúncios de jornais brasileiros do século XIX*, com apresentação de Alberto da Costa e Silva. A É Realizações publica a 4ª edição de *Aventura e rotina*, a 2ª edição de *Homens, engenharias e rumos sociais,* a 2ª edição de *O luso e o trópico*, a 2ª edição de *O mundo que o português criou, Uma cultura ameaçada e outros ensaios* (versão ampliada de *Uma cultura ameaçada: a luso-brasileira*), *Um brasileiro em terras portuguesas* (a 1ª edição a ser publicada no Brasil) e a 3ª edição de *Vida forma e cor*. A Editora Girafa publica *Em torno de Joaquim Nabuco*, reunião de textos que Gilberto Freyre escreveu sobre o abolicionista organizada por Edson Nery da Fonseca com colaboração de Jamille Cabral Pereira Barbosa. Gilberto Freyre é o autor homenageado da 10ª edição da Feira Nacional do Livro de Ribeirão Preto, realizada entre os dias 14 e 18 de junho. É também o autor homenageado da 8ª edição da Festa Literária Internacional de Paraty (Flip), ocorrida na cidade carioca entre os dias 4 e 8 de agosto. Para a homenagem, foram organizadas mesas com convidados nacionais e do exterior. A conferência de abertura, em 4 de agosto, foi lida pelo ex-presidente Fernando Henrique Cardoso e debatida pelo historiador Luiz Felipe de Alencastro; no dia 5 realizou-se a mesa "Ao correr da pena", com Moacyr Scliar, Ricardo Benzaquen e Edson Nery da Fonseca, com mediação de Ángel Gurría-Quintana; no dia 6 ocorreu a mesa "Além da Casa-grande", com Alberto da Costa e Silva, Maria Lúcia Pallares-Burke e Ângela Alonso, com mediação de Lilia Schwarcz; no dia 8 realizou-se a mesa "Gilberto Freyre e o século XXI", com José de Souza Martins, Peter Burke e Hermano Vianna, com mediação de Benjamim Moser. Foi lançado na Flip o tão esperado inédito de Gilberto Freyre *De menino a homem*, espécie de livro de memórias do pernambucano, pela Global Editora. A edição, feita com capa dura, traz um rico caderno iconográfico, conta com texto de apresentação de Fátima Quintas e notas de Gustavo Henrique Tuna. O lançamento do tão aguardado relato autobiográfico até então inédito de Gilberto Freyre realizou-se na noite do dia 5 de agosto, na Casa da Cultura de Paraty, ocasião em que o ator Dan Stulbach leu trechos da obra para o público presente. O Instituto Moreira Salles publica uma edição especial para a Flip de sua revista *Serrote*, com poemas de Gilberto Freyre comentados por Eucanaã Ferraz. A Funarte publica o volume 5 da coleção Pensamento crítico intitulado *Gilberto Freyre*, uma coletânea de escritos do sociólogo pernambucano sobre arte, organizada por Clarissa Diniz e Gleyce Heitor.

Outros títulos da Coleção Gilberto Freyre:

Casa-grande & Senzala
728 PÁGINAS
2 ENCARTES COLORIDOS (32 PÁGINAS)
ISBN 978-85-260-0869-4

Sobrados e Mucambos
976 PÁGINAS
2 ENCARTES COLORIDOS (32 PÁGINAS)
ISBN 85-260-0835-8

Ordem e Progresso
1.120 PÁGINAS
1 ENCARTE COLORIDO (24 PÁGINAS)
ISBN 85-260-0836-6

Nordeste
256 PÁGINAS
1 ENCARTE COLORIDO (16 PÁGINAS)
ISBN 85-260-0837-4

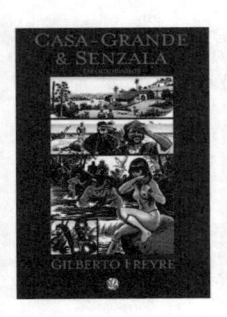

Casa-grande & Senzala em Quadrinhos
ADAPTAÇÃO DE ESTÊVÃO PINTO
64 PÁGINAS
ISBN 978-85-260-1059-8

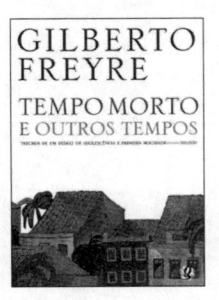

Tempo Morto e Outros Tempos – Trechos de um Diário de Adolescência e Primeira Mocidade 1915-1930
384 PÁGINAS
1 ENCARTE COLORIDO (8 PÁGINAS)
ISBN 85-260-1074-3

Insurgências e Ressurgências Atuais – Cruzamentos de Sins e Nãos num Mundo em Transição
368 PÁGINAS
ISBN 85-260-1072-8

Açúcar – Uma Sociologia do Doce, com Receitas de Bolos e Doces do Nordeste do Brasil
272 PÁGINAS
ISBN 978-85-260-1069-7

Vida social no Brasil nos meados do século XIX
160 PÁGINAS
1 ENCARTE PRETO E BRANCO (16 PÁGINAS)
ISBN 978-85-260-1314-8

Olinda – 2º Guia Prático, Histórico e Sentimental de Cidade Brasileira
224 PÁGINAS
1 MAPA TURÍSTICO COLORIDO
ISBN 978-85-260-1073-4

Guia Prático, Histórico e Sentimental da Cidade do Recife
256 PÁGINAS
1 MAPA TURÍSTICO COLORIDO
ISBN 978-85-260-1067-3

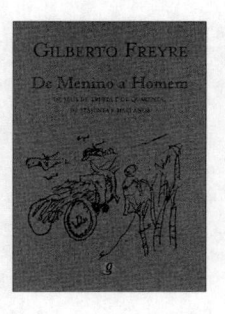

De menino a homem: de mais de trinta e de quarenta, de sessenta e mais anos
224 PÁGINAS
1 ENCARTE COLORIDO (32 PÁGINAS)
ISBN 978-85-260-1077-2

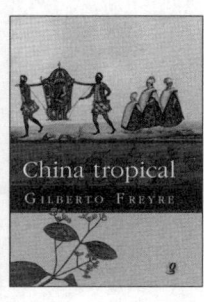

China tropical
256 PÁGINAS
ISBN 978-85-260-1587-6

Impresso na gráfica das Escolas Profissionais Salesianas